Emil Adolf Rossmässler

Das Süsswasser-Aquarium

Eine Anleitung zur Herstellung und Pflege desselben. Zweite Auflage

Emil Adolf Rossmässler

Das Süsswasser-Aquarium
Eine Anleitung zur Herstellung und Pflege desselben. Zweite Auflage

ISBN/EAN: 9783744628723

Hergestellt in Europa, USA, Kanada, Australien, Japan

Cover: Foto ©Lupo / pixelio.de

Weitere Bücher finden Sie auf **www.hansebooks.com**

Das

Süßwasser-Aquarium.

Eine

Anleitung zur Herstellung und Pflege desselben

von

E. A. Roßmäßler.

Zweite Auflage.

Ueberarbeitet von A. E. Brehm.

Mit 1 Titelbild und 53 in den Text gedruckten Holzschnitten.

Leipzig:

Hermann Mendelssohn.

1869.

Vorwort.

—

Gern entsprochen habe ich dem Wunsche des Herrn Verlegers, das vorliegende Werkchen meines geschiedenen Freundes durchzusehen und hier und da zu vervollständigen. Ich habe wenig weggelassen, wenig hinzugesetzt, weil mir Dies unnöthig erschien. Das Büchlein beruht auf eigenen Beobachtungen Roßmäßlers, eines Forschers, welchem es heiliger Ernst war, recht zu lehren, wenn er als Lehrer auftrat. Einzelnes habe ich geändert, Einzelnes berichtigt, Einzelnes hinzugefügt: — ob das Werkchen dadurch gewonnen, mag der zum Urtheilen Berufene entscheiden. Nach wie vor wird es, davon bin ich überzeugt, der „Verbreitung naturwissenschaftlichen Strebens dienen" und dazu beitragen, „die Menschen zur Natur zu führen." Und deshalb bitte ich, die freundliche Aufnahme, welche die erste Ausgabe gefunden, auch dieser zweiten gewähren zu wollen. Jedes Körnlein, welches die Naturwissenschaft verstreut, ist, auf guten Boden fallend, befähigt, zu einem Baume zu treiben, dessen Schatten das von pfäffischer Hand gesäete Unkraut der Verdummung und geistigen Knechtschaft ersticken hilft. Kenntniß der Natur und ihrer Gesetze, Kunde ihrer Erzeugnisse befreit von Wahn und Vorurtheil; Kunde des Thieres ist unentbehrliche Hilfswissenschaft für die Kunde des Menschen. Sie hilft auch dieses Büchlein fördern.

Berlin, im Juli 1868.

A. E. Brehm.

Inhalt.

1.

Geſchichte des Süßwaſſer-Aquariums.

Länger als eine Minute ſoll meinen freundlichen Leſerinnen und Leſern nicht Zeit bleiben, über dieſe hochtrabende Ueberſchrift zu lächeln; denn ich eile, ihnen zu ſagen, daß es mir damit um einen Vorwurf zu thun iſt, welchen ich nicht ihnen, ſondern den Naturforſchern, alſo auch mir ſelbſt machen will. Es bedurfte einer großen, gewaltigen Macht, um das kleine, beſcheidene Süßwaſſer-Aquarium aus dem Studirwinkel der Naturforſcher, wo es als Keim längſt im Verborgenen ruhete, hinauszutreiben zu raſcher Entfaltung auf den Markt des Lebens. Wer kennt ſie nicht dieſe Macht: den Wetteifer im Begehren und Gewähren naturwiſſenſchaftlicher Kenntniß? Wer freut ſich nicht über dieſe Macht, welche berufen iſt, uns das äußere Leben behaglich zu machen, als wohlthätiges Gewitter die ſchwarzen Wolken confeſſioneller Zwieſpaltigkeit allmälig zu zertheilen und den tiefblauen Himmel natürlichen Wiſſens über aller Welt leuchten zu laſſen?

Dieſe Macht und keine andere iſt es, welcher wir im Aquarium eine freundliche Zierde unſerer Zimmer und eine Quelle edelen Genuſſes verdanken.

Männer wie Swammerdam, Loewenhoek, Réaumur, Schäffer, Trembley, deren Namen auf bereits verwitternden Grabſteinen, aber in unverlöſchlichem Glanze auf den Tafeln der Wiſſenſchaft ſtehen, ſind es, welche wir als die erſten, wenn auch als die abſichtsloſen Erfinder unſerer Aquarien nennen müſſen. Aquarien

überhaupt wurden ſchon vor Jahrtauſenden erbaut und gepflegt von
den — Chineſen, dieſen wunderlichen Thierfreunden und Thierkundigen,
welche ſo Vieles von Dem, was wir erſt beginnen, ſchon längſt hinter
ſich haben und der Naturkunde, Züchtung, Kreuzung, Veredelung
von Thieren und Pflanzen von jeher rege Aufmerkſamkeit widmeten.
In ihren Gärten und Putzzimmern fehlen Aquarien ebenſowenig als
Vogelbauer: der einzige Fiſch, welcher zum Hausthiere geworden,
ſtammt aus China. Demungeachtet wird der Ruhm der genannten
Europäer, Aquarien erfunden zu haben, nicht im Geringſten geſchmä-
lert; denn ihnen war die chineſiſche Liebhaberei unbekannt, und ſie
erfanden unabhängig von Jenen.

Alle echten Forſcher, denen es nicht blos darum zu thun, getrocknete Mumien von Pflanzen und Thieren aufzuſpeichern, um daran
die Kennzeichen der äußeren Form zu ſtudiren, denen das Leben die
Hauptſache iſt — alle pflegten ſeit den älteſten Zeiten der Natur-
forſchung das zu erforſchende Leben in ihrer nächſten Nähe, an ihren
Arbeitstiſch zu feſſeln, um täglich und ſtündlich immer und immer
wieder die Wandelungen und Geſtaltungen deſſelben belauſchen zu
können. Aus Küche und Vorrathskammer verſchwundene Töpfe und
Gläſer und Flaſchen und Büchſen entdeckte die mit Unrecht von der
Hausfrau darob geſcholtene Magd auf dem Studirtiſche des Herrn,
gefüllt mit allerlei Gethier und räthſelhaftem Waſſergewächs.

Das ſind die Keime unſerer heutigen Aquarien. Jetzt
ſind ſie hinausgewachſen ins friſche freie Leben, wie die Weizenkörner,
welche Jahrtauſende in den Gräbern der Pharaonen geruht hatten,
Es kam über ſie der belebende Hauch des Naturdranges unſerer Tage.

2.
Von den verſchiedenen Arten der Aquarien.

Man halte es nicht für übelangebrachte Wortklauberei, wenn ich
zunächſt die Beibehaltung des lateiniſchen Wortes Aquarium recht

fertige; denn es läßt sich dagegen mit Fug und Recht geltend machen,
daß unsere Sprache doch wohl reich und bildsam genug sei, um auch
hier eine passende deutsche Benennung zu finden. Leider ist es mir
nicht gelungen, eine zu finden, welche kurz und bündig in einem
Worte das Ding gut und wohlklingend bezeichnet hätte. Eine wörtliche
Verdeutschung von Aquarium könnte nur „Wasserei" lauten, was doch
gar zu sehr wie ein Mißwort Joachim Heinrich Campe's geklungen
haben würde. „Bücherei" hat den Fremdling Bibliothek noch nicht
über die Grenze zu jagen vermocht, trotz der Bundesgenossen Reiterei,
Mäserei und anderer. Sollte wider alles Erwarten Wasserei Anklang
und Eingang finden, so wird es alsdann als usus auch bald ein
tyrannus werden; aber ein tyrannus läßt sich selbst nicht zwingen
und erzwingen. Darum lassen wir es bei Aquarium. Eben in der
Weite seiner Bedeutung und in seiner Neuheit und Fremdartigkeit
neben der Neuheit des Dinges selbst liegt des Wortes Annehmbarkeit.

Von den Seewasser-Aquarien sehe ich in Nachstehendem ganz ab,
weil sie ein eigenes Büchlein verlangen würden, welchem einstweilen
Abnehmer fehlen dürften. Daß man späterhin auch die Thiere des
Meeres im Zimmer halten wird, unterliegt, seitdem die großartigen
öffentlichen Aquarien zu London, Paris und Hannover bestehen, und
das großartigste aller in Berlin gegründet worden, keinen Zweifel
mehr: Seewasser-Aquarien aber erfordern die Erfüllung einer Menge
von Vorausbedingungen, welche eher abschrecken als anlocken dürfte.
Auch die Süßwasser-Aquarien können auf mancherlei Weise eingerichtet
werden, wenigstens hinsichtlich ihres Umfanges und der dadurch gebo-
tenen Wahl der Form und des Stoffes der Gefäße.

Am beliebtesten und gebräuchlichsten sind die Kelch-Aquarien,
wie ich der Kürze wegen diejenigen nennen will, welche aus einem
großen, weiten, kelchartigen Glasgefäße bestehen. Das Titelbild zeigt
ein solches auf der linken Seite. Daran schließen sich die Kasten-
Aquarien, welche aus Glastafeln in einem gußeisernen Sparrwerk
zusammengesetzt sind. Siehe rechts auf dem Titelbilde. Als dritte

Art bezeichne ich die Becken-Aquarien. Sie sind nur in Gewächshäusern und Gartensalons anzubringen und bilden ein gemauertes
und mit einer Thonsohle ausgeschlagenes Bassin.

Bevor wir diese drei Formen des Aquariums und nach Maaß-
gabe derselben die beziehendlichen Rücksichten bei ihrer Herstellung
durchgehen, will ich einiges Allgemeine vorausschicken.

3.
Was ist und was soll ein Aquarium?

Ein Aquarium ist eine freundliche Zimmerzierde und zugleich ein
ewig lebendiger Quell belehrender Unterhaltung, durch Zusammen-
bringen von Wasserpflanzen und Wasserthieren in ihrem Leben zusa-
genden Behältern. Es ist ein nicht unbedeutend zu nennender Schritt
auf der Bahn zu eingehender Beachtung der uns umgebenden Natur,
ein Mittel, die Aufmerksamkeit auf solche Punkte des Naturlebens zu
lenken, welche außer von den Naturforschern unbeachtet gelassen zu werden
pflegen, ein Heilmittel gegen die kindische Scheu der Unwissenheit,
womit Dinge gemieden werden, welche nicht nur nicht verabscheuungs-
würdig oder gar gefahrdrohend, sondern reich an ungeahnter Schönheit
und an Anregung sind.

Was die Natur auf dem Grunde der Teiche und Sümpfe und
an deren für feuchtigkeitsscheue Füße unnahbaren Rändern birgt, bleibt
den Meisten ein ewiges Geheimniß, mit Ausnahme der Fische und
Krebse, welche man auf den Mittagstisch bringt. Kennen wir ja doch
außer unseren Gartenblumen und den Garten- und Feldfrüchten auch
das Pflanzenreich meist nur als große, grüne, buntblümte Masse,
und vom Thierreiche außer den bekannten vierbeinigen und den gefie-
derten Vertretern nur Das, was über unsere Wege kreucht und fleucht
und — gestehen wir es uns nur ein — oft besser in ihren von Buch
zu Buch sich vererbenden Konterfeien als in der Wirklichkeit.

Daß es so ist — und es ist so — muß als eine Schande, oder mindestens als ein beklagenswerther Fehler, welcher weniger dem Einzelnen als dem Ganzen zur Last fällt, bezeichnet werden: dem Ganzen — d. h. der öffentlichen Vorsorge für Volksbildung. Es ist hier nicht der Ort, zu untersuchen, ob hierbei eine irrige, aber wohlgemeinte Umgrenzung des der Jugend zu gewährenden Wissens, ob Gedankenlosigkeit oder Absicht zum Grunde liegt. Genug, es ist so.

Um aber ganz gerecht zu sein, muß ich noch zugestehen, daß — sei die gerügte Sachlage ein Unrecht oder ein Fehler — Beides dadurch sehr gemildert wird, daß wir allesammt, vielleicht mit nur sehr wenigen Ausnahmen, in der Kunst des naturwissenschaftlichen Jugendunterrichts noch arge Stümper sind. Freilich muß man, um mir hierin Recht zu geben, mit mir der Ansicht sein, daß Kenntniß der uns umgebenden Natur die Grundlage des Unterrichts sein müsse.

Tadelt man mich vielleicht, daß ich hier Unzusammengehöriges zusammenbringe, so kann ich mich dagegen hoffentlich mit Erfolg damit vertheidigen, indem ich sage: ich fasse das Aquarium von dem höchsten Gesichtspunkte auf, was mir eben so unverwehrt sein wird, als ich es Jedermann frei stelle, sich daran nur erfreuen zu wollen.

4.
Allgemeine Regeln für das Aquarium.

Ich sollte eigentlich mehr von Gesetzen reden; denn es sind dabei allerdings einige Grundgesetze des Thier- und Pflanzenlebens zu beobachten, wenn man nicht Geld und Zeit damit verlieren und Verdruß ernten will.

Es ist eins der wichtigsten und zugleich der interessantesten Grundgesetze der Natur, daß hinsichtlich zweier Grundbedingungen von Thier- und Pflanzenleben zwischen diesen beiden eine auffallende Wechselbeziehung besteht. Das Thier nimmt durch die Athmung als unentbehrliche

Lebensbedingung fortwährend Sauerstoff ein und giebt dafür durch die Ausathmung Kohlenstoff — in der Form von Kohlensäure — aus, während die Pflanze eben so nothwendig Kohlensäure aufnimmt und Sauerstoff aushaucht. Eines also liefert dem Anderen als unentbehrlichen Bedarf, was es selbst nicht mehr zum Leben verwenden kann; Eines dient dem Anderen.

Aber die von dem Thiere ausgeathmete Kohlensäure ist diesem selbst ein tödtendes Gift, welches ihm die Luft und den Kiemenathmern das Wasser unathembar macht. Deshalb muß dafür gesorgt werden, daß dieselbe aus dem Wasser des Aquariums entfernt werde. Dies besorgen die darin wachsenden Pflanzen, denen eben die Kohlensäure ein nothwendiges Nahrungsmittel ist.

Da die im Wasser lebenden Thiere, welche zur Wasserathmung meist mit Kiemen versehen sind, den ihnen nothwendigen Sauerstoff sich nicht durch Zersetzung des Wassers, welches aus Wasserstoff und Sauerstoff zusammengesetzt ist, aneignen, sondern denselben nur durch die dem Wasser beigemengte Luft (bekanntlich ein Gemisch von Sauer- und Stickstoff) beziehen können, so ist natürlich in der geringen ruhenden Wassermenge des Aquariums deren Gehalt an Luft und mithin an verfügbarem Sauerstoff von den Thieren bald erschöpft, weil die Luftaufsaugung des Wasserspiegels jedenfalls langsamer vor sich geht als der Sauerstoffverbrauch der darunter lebenden Thiere. Pflanzen, welche mit ihren grünen Stengeln und Blättern immer unter der Oberfläche des Wassers bleiben, oder wenigstens auf derselben schwimmen, müssen den Thieren die unaufhörliche Sauerstoffquelle bieten. An manchen solchen Wasserpflanzen bedecken sich die unter dem Wasserspiegel befindlichen grünen Theile oft mit feinen zu größeren zusammenfließenden Luftperlen, welche aus Sauerstoff bestehen.

Die Thiere machen aber nicht nur durch die ausgeathmete Kohlensäure sich selbst das Wasser unathembar, sondern auch durch ihre Auswurfsstoffe und durch andere Dinge, z. B. abgestreifte Häute, welche im

Verein mit den abgestorbenen Pflanzentheilen in dem Wasser verfaulen und dadurch ebenfalls Kohlensäure, Kohlenwasserstoffgas, Phosphorwasserstoffgas und Schwefelwasserstoffgas entwickeln, alles für das Thierleben gefährliche Luftarten.

Wir errathen nach diesen Mittheilungen leicht, daß im Aquarium zunächst darauf Bedacht zu nehmen ist, Thiere und unter dem Wasser vegetirende Gewächse in solches Verhältniß zu einander zu bringen, daß sie sich gegenseitig die gedeihlichen Lebensbedingungen schaffen und die nachtheiligen Stoffe einander aus dem Wege räumen.

Die größte Gefahr für das Gedeihen eines Aquariums liegt in dem Verderben des Wassers durch das Faulen darin gestorbener Thiere. Dieses Verderben tritt zuweilen sehr schnell ein und giebt sich durch eine Trübung des Wassers kund, welcher alsdann sehr bald ein übler Geruch und darauf der Tod aller Thiere folgt.

Ein Uebelstand liegt ferner darin, daß man eine hohe Erwärmung des Wassers verhindern muß, und daß dabei dennoch wenigstens zeitweilig der Zutritt des Sonnenscheins nothwendig ist, um die theils in der Ausscheidung von Sauerstoffgas, theils in der Aufsaugung verwesender Stoffe beruhende Lebensthätigkeit der Pflanzen zu erhöhen.

Es ist daher ein besonderes Augenmerk auf die zweckmäßige Aufstellung des Aquariums zu richten. Unbedingt zu vermeiden ist die volle Mittagslage, namentlich in den Monaten, in denen die Sonne im Mittage bereits tiefer steht und doch noch sehr warm scheint. Ist diese Lage unvermeidlich, so muß das Aquarium mindestens einen Fuß vom Fensterbret abstehen und bei heißem Sonnenschein durch ein Rouleau geschützt werden. Findet man das Wasser über 16° R. erwärmt, so kann man entweder durch theilweisen Ersatz desselben durch frisches Brunnenwasser abhelfen, oder dadurch, daß man ein nasses und naß erhaltenes wollenes Tuch, dessen fortwährende Verdunstung Kälte erzeugt, an der ganzen Außenfläche des Aquariums dicht anfügt. Die Naßerhaltung wird dadurch bewirkt, daß man das

Tuch über den Rand des Aquariums bis in das Wasser desselben überschlägt, wodurch fortwährend Wasser empor und auswendig am Tuche herabsteigt.

An den Füßen des Aquarium Tisches müssen Rollen angebracht sein, um nöthigenfalls dasselbe von zu stark erwärmten Fenstern an einen andern Platz rollen zu können. Deßhalb sind Eckzimmer mit Fenstern nach zwei Himmelsgegenden ganz besonders passend zur Aufstellung des Aquariums.

Welches Wasser das angemessenere sei, ob weiches oder hartes, läßt sich schwer entscheiden, weil das eine wie das andere, je nach der Oertlichkeit sehr verschieden ist. Einzelne Erfahrungen scheinen gegen die Wahl des Fluß- oder Bachwassers zu sprechen, weil in Aquarien mit solchem Wasser die niederen Algen in einer sehr lästigen Weise überhandnehmen; andererseits läßt sich nicht verkennen, daß auch hartes Quellwasser, wenigstens im Anfange, den Thieren unbehaglich und selbst schädlich sein kann. Quell- oder Brunnenwasser, welches sandigem Boden entstammt, eignet sich besser als jedes andere zur Füllung der Becken.

Ehe wir zu einigen besonderen Regeln für das Aquarium übergehen, schalte ich nun eine Aufzählung und kurze Beschreibung der dazu erforderlichen oder wenigstens brauchbaren Pflanzen und Thiere ein, weil wir diese erst kennen müssen, bevor wir zur Füllung des Aquariums schreiten können.

5.
Die Pflanzen des Aquariums.

Mit einigen wenigen Ausnahmen schlage ich nur einheimische Pflanzen vor, treu dem in allen meinen naturwissenschaftlichen Volksbüchern mich bewegenden Streben, vor Allem die beachtende Aufmerksamkeit meiner Leser und Leserinnen auf die heimische Natur zu lenken.

Es wird wenig Orte in Deutschland geben, wo man sehr weit zu gehen hätte, um die für das Aquarium geeigneten Pflanzen zu finden. Teiche, Sümpfe, Lachen, breite Wiesengräben, Moorwiesen finden sich ja fast überall. Sie sind unsere Pflanzenlieferanten.

Man darf sich nicht einbilden, daß man ein Aquarium nur zu bepflanzen braucht, um es dann für ewige Zeit zu fortdauernder Selbstverjüngung sich überlassen zu können. So leichten Kaufs kommt man nicht davon; man muß es eben so wie die Gartenbeete zu Zeiten wieder ganz frisch bepflanzen oder wenigstens entstandene Lücken wieder ausfüllen. Um nun nicht gar zu oft damit zu thun zu haben, muß man den Hauptbestand von ausdauernden Pflanzen bilden: und auch diese sterben manchmal ab; denn so ganz nach Erforderniß verstehen wir die Pflanzen des Aquariums doch noch immer nicht zu pflegen.

Einjährige Wasserpflanzen, welche im Schlamme wurzeln, sind überhaupt schwer anzubringen, außer bei einer Neufüllung des Aquariums; mit Ansäen ist noch weniger auszurichten, wenigstens mangelt es hierüber noch an Erfahrungen. Man muß daher von einjährigen Wasserpflanzen (z. B. Veronica Beccabunga) junge, etwa fingerlange Exemplare einpflanzen.

Bei der Anordnung der Aquarium-Pflanzen glaube ich die verschiedenen Formen des Aquariums zunächst berücksichtigen zu müssen, um die Auswahl derselben nicht irre zu führen. Wir nehmen zunächst diejenigen Pflanzen durch, welche sich für das Kelch- und das Kasten-Aquarium eignen. Dieselben sind natürlich zugleich auch für das Becken-Aquarium brauchbar, nicht umgekehrt aber — der Größe halber — diejenigen Pflanzen, welche sich außerdem noch für das letztere eignen, auch für die ersteren.

Die zuerst aufgezählten Arten sind die sich am meisten empfehlenden; die aus mancherlei Gründen weniger empfehlenswerthen oder neben den ersteren wenigstens überflüssigen habe ich zuletzt aufgeführt. Bei uns nur selten wild vorkommende Pflanzen sind entweder ganz weggelassen oder als solche wenigstens bezeichnet. Wenn über ihre Verbreitung nichts Näheres angegeben ist, so ist anzunehmen, daß sie fast überall in Deutschland vorkommen.

Aus später anzugebenden Gründen unterscheide ich ferner Wasser- und Sumpfpflanzen.

6.

I. Pflanzen für das Kelch- und das Kasten-Aquarium.*)

a. Wasserpflanzen.

Darunter verstehe ich solche, welche im Wasser selbst, auch in fließendem, wachsen, auf dessen Boden wurzelnd.

1. Das Pfeilkraut, Sagittaria sagittifolia. Die deutsche und die wissenschaftliche Benennung kennzeichnen allein schon dieses schöne Gewächs vollkommen deutlich; denn sein Blatt ist ein treues Abbild von Amor's süße Wunden schlagendem Geschosse, wie unsere Fig. 1. zeigt. Das Pfeilkraut findet sich in Deutschland sehr allgemein ver-breitet an den Rändern von Teichen und großen Lachen, in Sümpfen und verschilften Gräben, selbst an Flußufern. Um es zur rechten Zeit sammeln und — finden zu können, muß man wissen, daß es vom Spätherbste bis zum Frühjahre nicht mehr zu sehen ist. Es hinterläßt in dieser Zeit im Schlamme kirschgroße braungrüne Knollen, aus denen sich zuerst ein zolllanges stengelartiges Gebilde und an dessen Spitze eine Knospe entwickelt, welcher anfangs schmale bandförmige, dann einige spatelförmige und erst vom vierten und fünften Blatte an pfeilförmige Blätter entwachsen, zwischen denen der etwa 1 bis 1½ Fuß hohe Blüthenschaft hervortritt. An diesem stehen oben männliche und

---

*) Die den Figurenbezeichnungen beigesetzten Bruchzahlen geben die Größe der Figuren an. An Fig. 1. bedeutet z. B. der Bruch ⅕, daß die ganze Pflanze bis auf ein Fünftel verkleinert ist, dagegen an Fig. 3 c der Bruch 4/1, daß die Figuren vierfach vergrößert sind.

Es ist auf den Abbildungen immer angegeben, ob und wie tief ungefähr die Pflanze im Wasser steht.

unten weibliche Blüthen mit
drei schneeweißen Blumenblättern. Diese prächtige Pflanze
wird vielen meiner Leser noch
unbekannt sein; denn sie wächst
an Orten, wohin nur der Fi-
scher und der Naturforscher
oder — der Badende kommt,
und sie wird ihnen, wenn sie
dieselben zum erstenmale sehen,
wie ein Fremdling erscheinen.
Sie bildet unbedingt den schönsten Schmuck der kleineren
Aquarien und darf darin nie
fehlen.

**2. Der Froschlöffel, Alisma
Plantago. (Fig. 2.)** Seine schönen, sich aus dem Wasser
erhebenden eirunden, langge-
stielten Blätter bilden eine
erwünschte Abwechselung neben
den dreispitzigen des Pfeil-
krautes, und sein tannenähnlich
verzweigter, mit zahlreichen

Fig. 1.

a

b

Das Pfeilkraut, Sagittaria sagittifolia. (½ b)
a eine männliche Blüthe von oben, b eine solche von der
Seite und darunter eine weibliche, verblüht, nat. Gr.

rosenrothen Blümchen bedeckter Blüthenschaft erhebt sich pyramiden-
artig hoch darüber empor. Der Froschlöffel ist an denselben Orten
wie das Pfeilkraut eine unserer gemeinsten Pflanzen und findet sich
fast in jedem Wassergraben. Seine ersten Frühjahrsblätter haben
auch eine sehr kleine, nur wenig vom Blattstiele durch größere Breite
sich unterscheidende Blattfläche. Will man gelegentlich einmal die
zierliche Pracht des Pflanzenzellgewebes sehen, wozu hier ein scharfes
Auge kaum der Lupe bedarf, so schneide man mit einem recht scharfen

Fig. 2.

Der Froschlöffel, Alisma Plantago. (¹/₆)
a ein kleiner Zweig der Blüthentraube, nat. Gr.

Jedermesser ein ganz feines Querschnittchen aus dem dicken Ende eines Blattstieles und betrachte es gegen das Licht. Sobald das Eis von den Gräben und Lachen weg ist, beginnt der überwinterte Wurzelstock unter dem Wasser zu treiben. Beim Aufsuchen wird man durch die abgestorbenen Blüthenstengel geleitet. Der Froschlöffel verdient ebenfalls erste Berücksichtigung.

3. **Segge oder Riedgras, Carex.** Von diesem artenreichen Geschlecht, welches an jedem Teichrande, in jedem Sumpfe, jedem Graben, wenigstens durch eine oder einige seiner größeren Arten vertreten ist, gehört eine oder die andere unbedingt in das Aquarium, indem ihre schönen, im Bogen geschwungenen schmalen Schilfblätter neben denen der beiden ersten Pflanzen einen angenehmen Gegensatz bilden. Besonders empfehlen sich: C. Pseudocyperus (Fig. 3.), acuta, vesicaria, ampullacea und riparia (mit meergrünen Blättern und am kräftigsten). Sie sind sämmtlich ausdauernd und entwickeln im Mai und Juni ihre zierlichen in einer lockern Rispe vereinigten

walzenförmigen, meist in schönem
Bogen auf fadendünnen Stielen
abwärts geneigten Blüthenährchen,
von denen die oberen männliche, die
unteren weibliche Blüthchen tragen.

**4. Untergetauchtes Hornblatt,
Ceratophyllum demersum.** Wie die
umstehende Abbildung (Fig. 4.)
zeigt, ein sonderbares Gewächs,
welches die meisten meiner Leser
wohl auch noch keines Blickes
gewürdigt haben werden. Es findet
sich ziemlich häufig in Teichen,
tieferen Lachen, Sümpfen und
Gräben, deren Boden es oft ganz
überzieht und das Ansehen giebt,
als wenn er mit hineingeworfenem
Tannengezweig bedeckt wäre. Die
reich verzweigten fadendünnen, oft
mehre Ellen langen Stengel wurzeln zwar im Boden; es genügt
aber, einige Ranken in das Wasser

Fig. 3.

Die cypergrasartige Segge, Carex Pseudocyperus. (⅓).
a weibliche Aehre, b einzelnes weibliches Blüthchen.
c männliches, beide ⁴⁄₁.

zu werfen, wo sie dann freudig ohne zu wurzeln fortwachsen. Sie
sind mit eigenthümlichen, gabelartig gespaltenen, schmalen, in kurzen
Abständen quirlartig geordneten Blättern bedeckt. Ihre sehr unschein-
bare Blüthe trägt die Pflanze nur höchst selten. Sie bleibt immer
unter dem Wasser und ist nach meiner Erfahrung geradehin eine
unentbehrliche Zierde des Aquariums, weil sie ganz besonders zur
Reinerhaltung des Wassers beizutragen scheint. Um so erwünschter
ist es, daß das Hornblatt sich Alles bieten läßt, indem fingerlange
abgerissene Zweigspitzen unweigerlich fortwachsen. Beim Einsammeln
muß man es jedoch vor dem Vertrocknen, welches sehr leicht erfolgt,

Fig. 4.

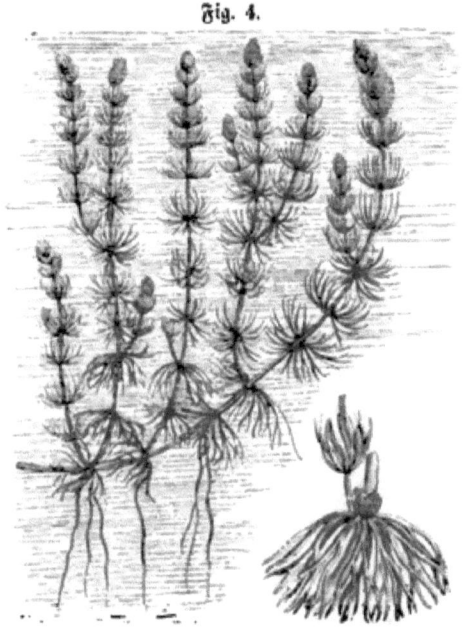

Untergetauchtes Hornkraut, Ceratophyllum demersum. (½)
a ein Blätterquirl mit jungen Trieben, nat. Gr.

wohl in Acht nehmen. Die im Aquarium hinzugewachsenen Blatt-
quirle leuchten im glänzendsten Grün.

5. Aehrenförmiges Tausendblatt, Myriophyllum spicatum. (Fig. 5.)

In Habitus, Standort und Lebensweise dem Hornblatt sehr ähnlich,
nur daß seine ebenfalls quirlständigen Blätter zart federförmig zer-
schlissen sind. Eigentlich erheben blos seine Blattgerüste und seine
dickeren Stengel zur Blüthezeit ihre Spitzen etwas über den Wasserspiegel. Es verträgt die wurzellose Uebertragung in das Aquarium
nicht ganz so gut wie das Hornblatt, sieht aber noch zierlicher aus,
und entwickelt häufiger seine kleinen stiellosen, quirlständigen, rosen-
farbigen Blüthchen. Seine Blätter sind wie die des Hornblattes
vorzügliche Pflanzstätten für Infusorien, von denen sie oft wie von
einem zarten Flaum ganz eingehüllt erscheinen.

Fig. 5.

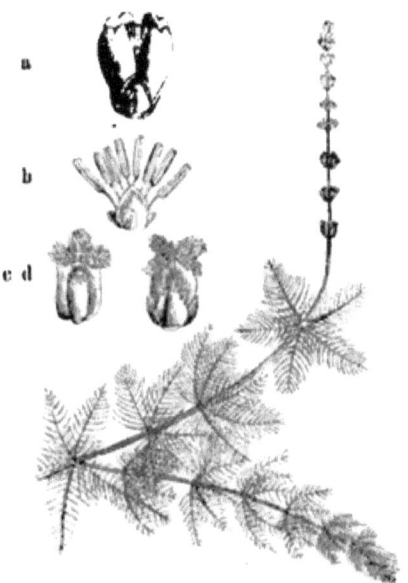

Das Tausendblatt, Myriophyllum spicatum. (½)

a männliche Blüthe mit den vier Blumenblättern, b eine ohne diese, c d eine weibliche blumen-
blattlose Blüthe, ohne und mit den Kelchblättchen.

6. **Der Froschbiß, Hydrocharis morsus ranae.** (Fig. 6.) Dies
hübsche Gewächs mit dem sonderbaren Namen ist ein echter Schwim-
mer, da seine etwa 5 bis 8 Zoll langen, dicht mit feinen Haaren
besetzten Wurzeln niemals den Boden erreichen, sondern frei in das
Wasser hinabhängen. Zwischen drei bis vier solchen Wurzeln erscheint
der Stengel abwärts wie abgebissen, als ob hier die Haupt- oder
Pfahlwurzel fehle. Der Volkswitz giebt dies dem Meister Frosch
schuld. Aus dem fast auf Nichts verkümmerten Stengel unmittelbar
über der Wurzel entspringt ein Strauß sehr regelmäßig gestalteter
nierenförmiger Blätter, welche platt auf dem Wasser schwimmen.
Dazwischen erheben sich auf ziemlich langen Stielen einzelne drei-
blättrige schneeweiße Blumen, in denen ein sonderbares Geschlechts

a   Fig. 6.   b

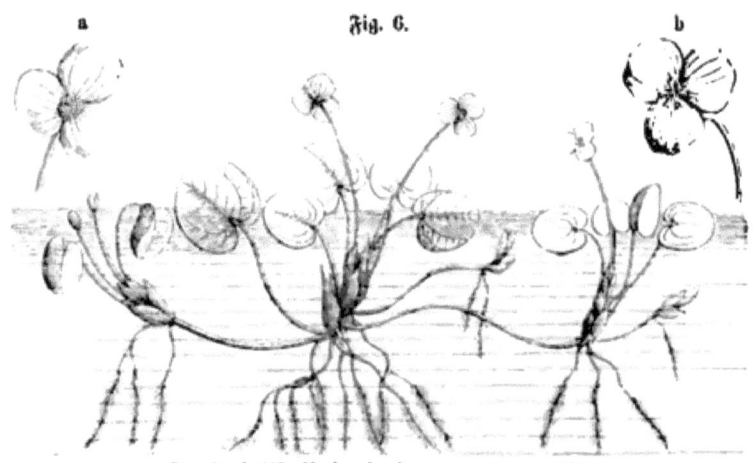

Der Froschbiß, Hydrocharis morsus ranae. (½)
a männliche, b weibliche Blüthe, beide nat. Gr.

verhältniß stattfindet. In den Blüthen der einen Pflanze finden sich
neun Staubgefäße und drei verkümmerte keine Samen bringende
Pistille (a), in denen einer anderen dagegen sechs zweitheilige strahlig
geordnete Narben und drei verkümmerte Staubgefäße (b). Keine kann
für sich keimfähigen Samen bilden, und die Pflanze ist daher eine
zweihäusig getrenntgeschlechtige. Der Blüthenstaub der ersten muß
auf die Narben der letzteren gelangen, um in diesen die Samen-
bildung einzuleiten.

Der Froschbiß ist auf Teichen, in Lachen und wasserreichen
Sümpfen ziemlich weit verbreitet, fehlt jedoch manchmal auch ganzen
Gegenden. Im März und April findet man an der Oberfläche der
Gewässer schwimmend die jungen Pflänzchen; sie entwickeln sich aus
kapernähnlichen Knospen, welche den Winter über auf dem Boden
geruht haben.

7. **Wassersterne, Callitriche.** Wenn einer Gegend die Gattungen
Myriophyllum und Ceratophyllum (Fig. 4. u. 5.) fehlen sollten, so
mangeln ihr doch vielleicht eine oder die andere Art des Wassersternes
nicht und können daher die Arbeit jener im Aquarium verrichten, da die

langen fadendünnen Stengel, welche reich mit ganz schmalen Blättchen besetzt sind, ebenfalls immer unter dem Waffer bleiben. Einzig und allein die etwas breiteren dicht gedrängten Blätter der Stengelspitzen schwimmen als zierliche Rosetten auf dem Wafferspiegel, um die in ihren Achseln stehenden, auf das einfachste Maaß beschränkten Blüthchen an die Luft treten zu laffen. Diese bestehen aus Staubgefäß oder Pistill; denn sie sind auch getrenntgeschlechtig, und haben anstatt Kelch und Blumenkrone nur zwei kleine Deckblättchen. Namentlich in Wald- und Wiesengräben kommen die zwei gemeinsten Arten: C. verna (Fig. 7.) und stagnalis sehr häufig vor, und füllen dieselben

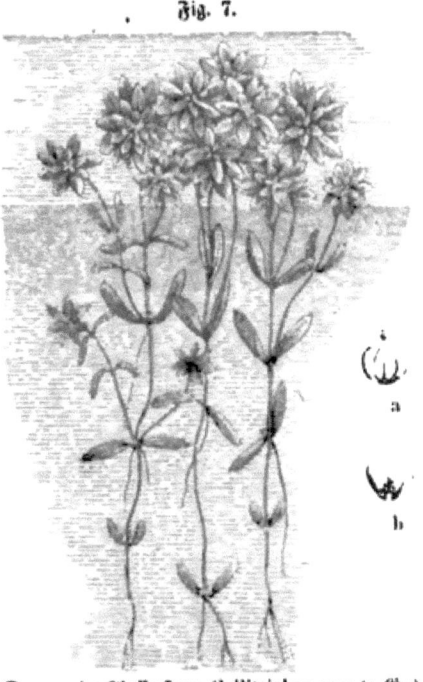

a

b

Der gemeine Wafferstern, Callitriche verna, (n. Gr.) a männliche, b weibliche Blüthe, ³⁄₁.

stellenweise beinah gänzlich aus. Man muß sie in die Erde des Aquariums einpflanzen, da sie sonst zwar fortwachsen, aber unordentlich auf dem Waffer umherschwimmen.

8. **Wafferminze, Mentha aquatica.** (Fig. 8.) Eine Gattungsschwester der Pfeffer- und Krauseminze, übertrifft sie diese durch ihren noch angenehmeren erfrischenden Wohlgeruch. Der gerade aufsteigende Stengel trägt eirunde saftgrüne Blätter. Der Geruch unterscheidet sie leicht von den folgenden ihr sonst sehr ähnlichen zwei Ehrenpreisarten.

Fig. 8.

Die Wasserminze, Mentha aquatica. (¹/3)
a ein einzelnes Blüthchen (⁵/₁).

9. **Quellen-Ehrenpreis** oder **Bachbungen, Veronica Beccabunga** (Fig. 9.), und **Waſſer-Ehrenpreis, V. Anagallis.** Bevor beide Pflanzen ihre Blüthen entwickelt haben, muß auch der einigermaßen bewanderte Kenner manchmal seine Naſe zu Rathe ziehen, um ſie von der Waſſerminze zu unterſcheiden, mit der ſie auch denſelben Standort theilen. Sie ſind noch häufiger als jene, und außer dem ihnen fehlenden Wohlgeruch erſetzen ſie im Aquarium die Minze vollkommen.

10. **Waſſerſchlauch, Utricularia vulgaris.** (Fig. 10.) Dieſe wegen ihrer Schönheit und Sonderbarkeit ausgezeichnete Pflanze iſt keineswegs ſo gemein, wie ihr lateiniſcher Artname ſagt; wo ſie aber einmal vorkommt, iſt ſie gewöhnlich auf jedem Sumpfe in Menge anzutreffen. Die ganze Pflanze iſt recht eigentlich blos ein Gerippe, weil von den urſprünglich ziemlich groß angelegten Blättern Nichts

Fig. 9.

Bachbungen, Veronica Beccabunga. (⅓)
a eine Blüthenähre, nat. Gr.

zum Dasein gekommen ist als das feine Blattgerippe, an dessen zarten Verästelungen sonderbare flaschenförmige Luftblasen hängen, als wenn das Gewächs derselben bedürfe, um nicht unterzusinken. Der dünne gerade Blüthenschaft erhebt sich aus dem Wasser und trägt einige abenteuerlich gestaltete goldgelbe Blumen. Die feine Wurzel haftet im Schlamme.

11. **Tannenwedel, Hippuris vulgaris** (Fig. 11.) heißt eine ebenfalls sehr eigenthümliche, leider nicht überall vorkommende Pflanze, deren Schaft dicke quirlständige Blättchen trägt, in deren Achseln sich die blos aus einem Staubfaden und einem Pistill ohne Blumenkrone und Kelch bestehenden Blüthchen finden. Die einfachen Stengel erheben sich kerzengerade über das Wasser.

12. **Sumpf=Hottonie, Hottonia palustris.** (Fig. 12.) Die fein fiederspaltig zerschlissenen, unter Wasser bleibenden, salatgrünen Blätter

Fig. 10.

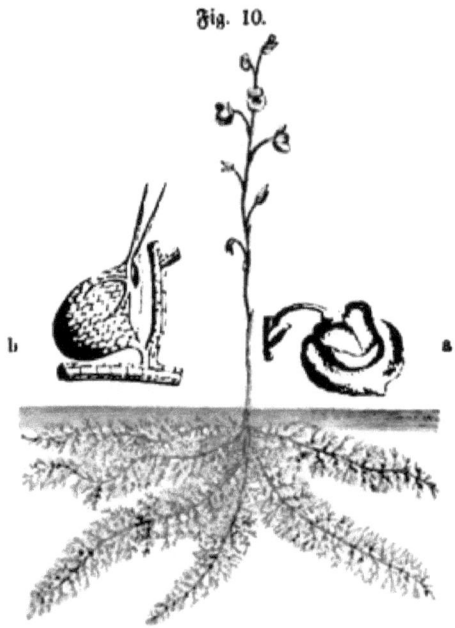

Der gemeine Wasserschlauch, Utricularia vulgaris. (¹⁄₄)
a eine Blüthe, nat. Gr., b ein Schlauch, stark vergrößert.

dieser weit verbreiteten Wasserpflanze geben dem Aquarium wieder einen neuen Zug. Der Schaft, welcher eine Traube rosenrother Blüthen trägt, erhebt sich allein über das Wasser. Die Hottonie macht sich durch ihr üppiges Wachsthum leicht etwas breit, trägt aber durch ihre reiche Belaubung sehr viel zur Reinigung des Wassers bei und sollte immer einen Platz im Aquarium finden, umsomehr, als sie sich leicht in ihrem Wachsthume einschränken und durch einen der strahlig an der Stengelspitze stehenden Aeste, welchen man als Steckling in den Boden des Aquariums setzt, wieder aufpflanzen kann.

13. **Laichkräuter, Potamogeton**, kommen in mehreren Arten in unseren Teichen und wasserreichen Sümpfen und Landseen vor, und

Fig. 11.

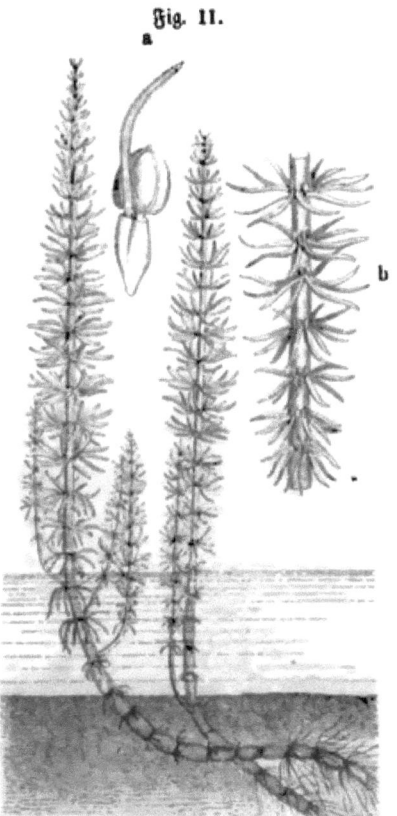

Der gemeine Tannenwedel, Hippuris vulgaris. (½)
a ein Blüthchen (⁸⁄₁), b ein Stengelstück, nat. Gr.

manche von ihnen können im Aquarium Verwendung finden. Namentlich ist das krausblättrige Laichkraut, P. crispus (Fig. 13.), durch seine wellig krausen, fast regelmäßig zweireihig gestellten Blätter sehr geeignet, einen fremdartigen Charakter in die Pflanzenwelt des Aquariums zu bringen. Wo der Froschbiß fehlt, da kann das von dem krausblättrigen ganz abweichend gestaltete schwimmende L., P. natans (Fig. 14.), dessen sehr regelmäßig elliptische Blätter ebenfalls

Fig. 12.

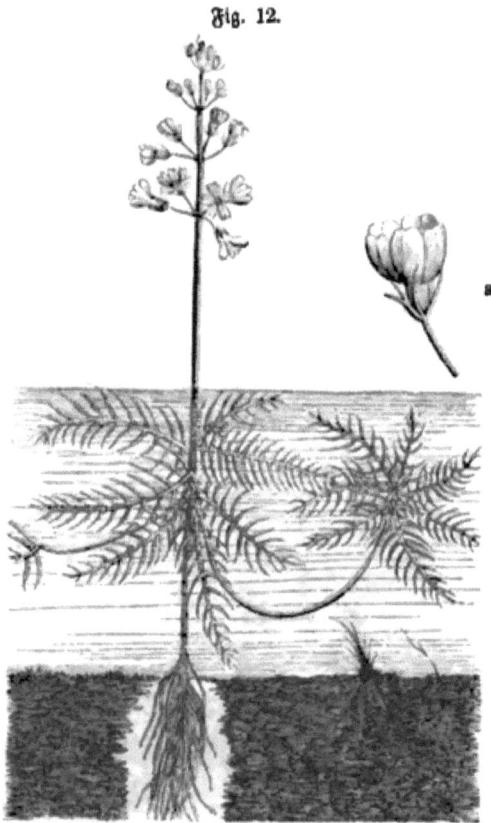

Die Sumpf-Hottenie, Hottonia palustris. (¹/₂)
a Blüthe (²/₁).

auf dem Wasser schwimmen, ihn vertreten. Leider sind die dünnen
Stengel des letzteren Laichkrautes meist zu lang, so daß die Aufnahme
in das Aquarium fast nur als Nothbehelf anzurathen ist.

14. **Wasserranunkel**, **Ranunculus aquatilis**. (Fig. 15.) Gegen
die Aufnahme dieser zierlichen Pflanze mit den zweierlei Blättern
läßt sich nur der eine Einwand erheben: sie nimmt leicht zu viel
Platz ein. Doch wenn man die ziemlich auffallenden jungen Pflänz-

Fig. 13.

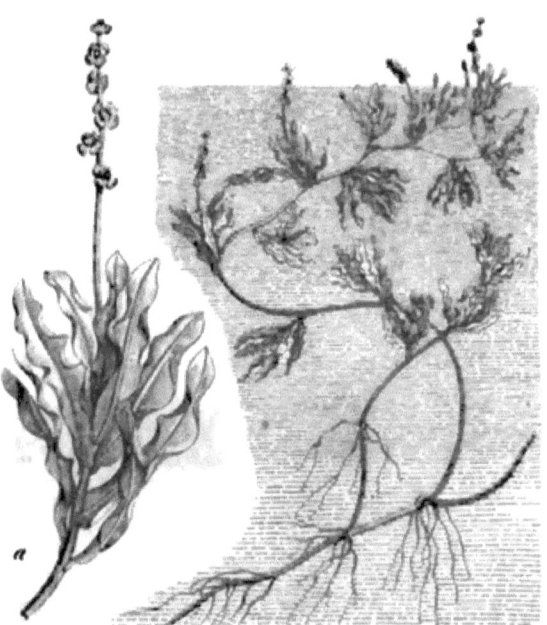

Das krausblättrige Laichkraut, Potamogeton crispus. (¹/4)
a ein blühender Zweig, nat. Gr.

chen Ende Aprils auf dem Grunde der Lachen und Teiche aufsucht
und einpflanzt, so kann man sie nachher durch Beschneiden einigermaßen im Zaume halten. Die untergetauchten Blätter sind eigentlich
nur ein haarfein verästeltes Blattgerippe, und blos die oberen, auf
dem Wasserspiegel schwimmenden, vollkommen entwickelt. Der Wasser-
rannkel kommt sehr häufig in Teichen und Sümpfen, auch nicht selten
in langsam strömenden Flüssen und großen Gräben vor, deren
Wasserspiegel er zur Blüthezeit mit seinen weißen, einige Zoll hoch
auf dünnen Stielen sich über denselben erhebenden Blüthen und mit
den schwimmenden Blättern bedeckt. In Flüssen, namentlich um die
Träger hölzerner Brücken und Eisböcke, sieht man häufig unter dem

Fig. 14.

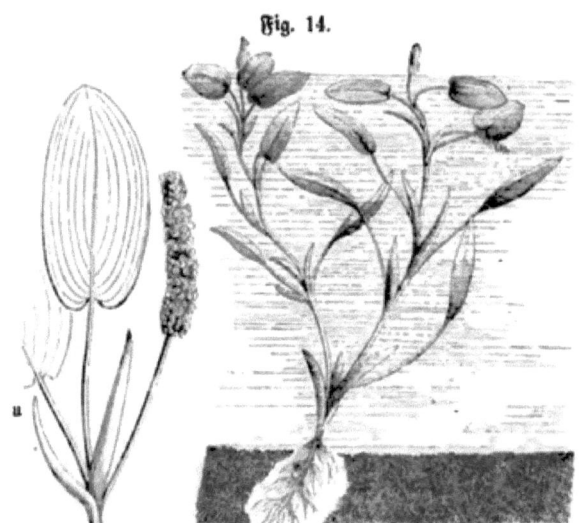

Das schwimmende Laichkraut, Potamogeton natans. (¹/6)
a Zweigspitze, nat. Gr.

Fig. 15.

Der Wasserranunkel, Ranunculus aquatilis, (nat. Gr.).

Wasserspiegel einen andern Ranunkel, den der schwimmenden breiten
Blätter ermangelnden fluthenden Ranunkel, auch oft im Volks-

munde Hechtkraut genannt, R. fluitans, welcher jedoch für das Aquarium zu groß ist.

15. **Wasseraloe, Stratiotes aloides.** (Fig. 16.) Neben dem Pfeilkraute drückt namentlich diese Pflanze, welche die bekannte Aloeform hat oder noch mehr dem Blätterschopfe der Ananas gleicht, dem Aquarium ein fremdländisches Gepräge auf. Leider kommt sie nicht überall vor, sondern fast nur da, wo große Teiche und Landseen häufig sind, also namentlich im nördlichen Deutschland. Die Blüthe ist der des Froschbisses, mit welchem sie auch in eine Familie gehört, sehr ähnlich. Nur die Blüthen und die Spitze des Blätterschopfes treten über das Wasser empor. Von der im Schlamme steckenden Wurzel erhebt

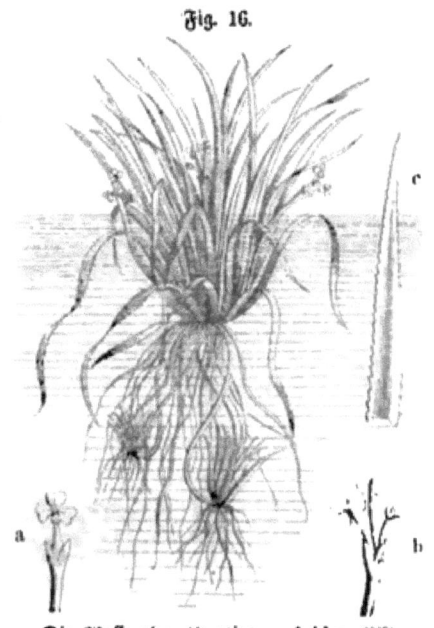

Fig. 16.

Die Wasseraloe, Stratiotes aloides. (⅓)
a, b einzelne Blüthchen (½), c Blattspitze, nat. Gr.

sich der dünne nackte Stengel und trägt nur an seiner Spitze den federbuschartigen, leuchtendgrünen Blätterschopf. Wenn sie zu erlangen, muß der Wasseraloe vor vielen anderen Pflanzen der Vorrang eingeräumt werden. Ohne Wurzel eingebrachte Exemplare wollen nicht gedeihen.

16. **Roßkümmel, Phellandrium aquaticum.** (Fig. 17.) Um nicht den giftigen Wasserschierling aufzunehmen, wähle ich diese Pflanze, welche durch ihren bekannten Doldenhabitus und ihre hundertfach fein zusammengesetzten Blätter einen wahren Filigranschmuck des Aqua-

Fig. 17.

Der Roßkümmel, Phellandrium aquaticum. (¹⁄₆)
a ein einzelnes Döldchen, nat. Gr., b einzelne Blüthe. (⁴⁄₁)

riums abgiebt. Man muß sie im Frühjahre in kleinen Exemplaren an den verschilften Rändern der Teiche und Waldlachen holen; ein einziges Stück reicht aus, um eine große überaus zierliche und durchsichtige Masse über dem Wasserspiegel des Aquariums zu bilden. Die Pflanze ist zweijährig.

17. Schmielenartiges Süßgras, Glyceria aquatica (Fig. 18.) und

18. Das rohrartige Glanzgras, Phalaris arundinacea (Fig. 19.), zwei echte Gräser, sind beide stattlich genug, um nicht bloß als Lückenbüßer in Ermanglung einer anderen echten Grasgestalt, die im Aquarium nicht fehlen darf, aufgenommen zu werden. Beide wachsen an den Ufern unserer Teiche, Flüsse und Bäche, letztere auch in Gebirgsgegenden. Die erstere Art hat unter allen unseren echten Gräsern die reichste und schönste, in einen lockeren Strauß sich ausbreitende Blüthenrispe. Das Glanzgras ist uns allen in einer krankhaften Spielart als grün- und weißgestreiftes „Bandgras" bekannt; denn es gedeiht eben so willig auf unsern Gartenbeeten, wie im Wasser. Es zeichnet sich aus durch straffen Habitus, welcher auch der schmalen gedrängten kurzästigen Rispe zukommt.

Fig. 18. Fig. 19.

Das Schmielenartige Süßgras,   Das rohrartige Glanzgras,
Glyceria aquatica.   Phalaris arundinacea.
(Beide ¹/10.)

19. **Waldfimſe, Scirpus silvaticus.** (Fig. 20.) Ihr Name trügt; denn ſie lebt nicht auf Waldboden, ſondern verlangt ſtets naſſen Grund und ſteigt auch bis in das Waſſer. Wenn man die unter Nr. 3 genannten Seggen haben kann, iſt die Waldſimſe zu entbehren. Sie wird bis zwei Fuß hoch und trägt eine weitſpreitige aus zahlreichen Aehrchen zuſammengeſetzte Straußriſpe, über welche durch die zahlloſen weißen Griffel ein graulicher Schein verbreitet iſt.

20. **Die ſchwimmende Salvinie, Salvinia natans.** (Fig. 21.) Dieſe Pflanze, welche nur in den Waſſerſpiegeln der norddeutſchen

Fig. 20.

Sümpfe häufig, sonst aber sehr vereinzelt vorkommt, gehört zu der Familie der Wurzelfarren, welche eine kleine, höchst eigenthümliche Pflanzengruppe bilden. An einem, zuweilen ein oder zwei Zweige abschickenden Stamme sitzen eiförmige Blätter, und das ganze Gebilde schwimmt frei und platt auf dem Wasser. Auf der Rückseite trägt es kleine kugelrunde Samenkapseln und in das Wasser hinabhängende behaarte Fadenwurzeln. Wenn man die Salvinie erlangen kann, darf man nicht versäumen, das abenteuerliche Gewächs in seinem Aquarium heimisch zu machen.

Die Waldsimse, Scirpus silvaticus. (¹/3)
a ein vergrößertes Aehrchen.

Fig. 21.

Die schwimmende Salvinie, Salvinia natans. (nat. Gr.)
a einige Samenkapseln.

7.

b. Sumpfpflanzen.

Da man entweder im Mittelpunkte oder an einer Seite des Aquariums eine kleine Felspartie aufzubauen pflegt, welche sich über dem Wasserspiegel erhebt, hat man Gelegenheit, auch einige Sumpfpflanzen anzubringen, d. h. solche, welche einen zwar fortwährend durchnäßten Boden, aber nicht den Standort im Wasser selbst verlangen. Fast alle diese Sumpfpflanzen zeichnen sich neben den Wasserpflanzen durch ihren gedrungenen verästelten Bau, oder überhaupt durch Kleinheit und Zartheit der Formen aus, und bieten deshalb eine sehr erwünschte Abwechselung, um so mehr, als manche von ihnen schöne Blüthen entwickeln.

1. **Die Moosbeere, Oxicoccos palustris.** (Fig. 22.) Dieses niedliche Gewächs, welches nur auf moorigen Haiden oder buschigen

b   Fig. 22.   a

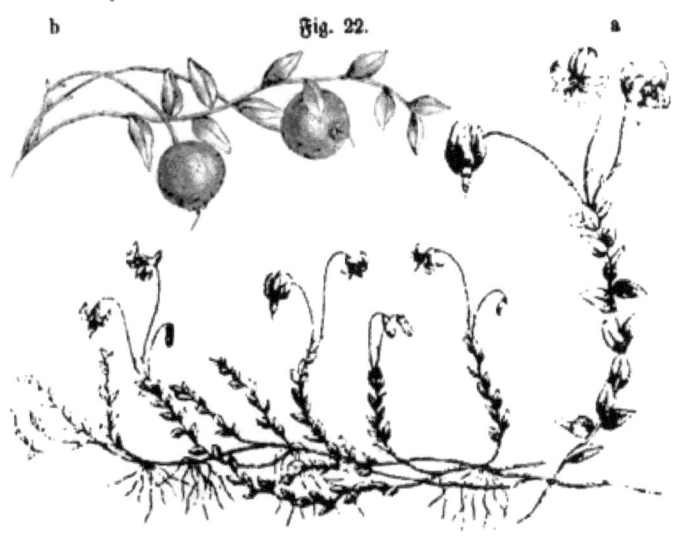

Die Moosbeere, Oxycoccos palustris. (1/2).
a blühender Zweig. b Zweig mit Früchten, nat. Gr.

Moorwiesen in Gebirgsgegenden vorkommt, kriecht mit seinen schlanken, fadenförmigen Stengel am Boden. Diese Stengel sind mit kleinen Myrtenblättern besetzt, tragen auf langen zarten Blumenstielchen sternförmige rothe Blüthen und später scharlachrothe eßbare Beeren.

2. **Der Erdbeerklee, Trifolium fragiferum.** (Fig. 23.) Sehr oft in Gesellschaft der Moosbeere, wenigstens an ähnlichen Standorten,

Fig. 23.

Der Erdbeerklee, Trifolium fragiferum. (¹/₃)
a Fruchtköpfchen, etwas vergrößert.

findet sich eine höchst eigenthümliche Art Klee, deren Blüthenköpfchen durch ein fleischiges Anschwellen der rothgefärbten Kelche nach dem Verblühen der kleinen hellrothen Blümchen einer Erdbeere ähnlich werden. Der Erdbeerklee ist ebenfalls eine Kriechpflanze und bedeckt mit seinen vielverzweigten Stengeln seinen Standort bald vollständig. Er ist nicht häufig.

3. **Das Sumpfmäuseöhrchen, Myosotis palustris.** (Fig. 24.) Manche Leserin wird die nüchterne Sprache der Wissenschaft anklagen, wenn sie erfährt, daß Dies der wissenschaftliche Name des — Vergißmeinnicht ist. Mehre Arten der Gattung Myosotis lieben trockene, sandige Standorte; das Sinnbild der Liebessehnsucht aber gedeiht nur am Wasser und entfaltet seine himmelblauen Sternchen am Liebsten auf dem trügerischen Moorgrunde, unter welchem dem

Fig. 24.

Das Sumpfmäuseöhrchen, Myosotis palustris. (½)
a einzelner Zweig, nat. Gr.

unvorsichtigen Pflücker der schwarze Abgrund droht. Hier soll, wie
eine gefühlvolle Sage will, der symbolische Name dieses schönen
Blümchens erfunden worden sein. Ein liebendes Paar wandelte am
Rande eines Moorbruches. Um den Wunsch der Geliebten zu er-
füllen, betrat ihr Herzensfreund den treulosen Boden. Schon hatte
er ein Sträußchen in der Hand, als die Moordecke unter ihm brach.
Mit den Worten „Vergißmeinnicht" versank er in die Tiefe. — Es ist
leicht, beinahe das ganze Jahr hindurch an quelligen Orten, an Gräben
und Sümpfen und moorigen Wiesen junge Vergißmeinnichtpflänzchen
zu finden, welche ohne Mühe im Aquarium angesiedelt werden können.

4. **Der Sonnenthau, Drosera rotundifolia.** (Fig. 25.) Wenigen
meiner Leser und Leserinnen wird diese Pflanze bekannt sein, und ich

Fig. 25.

Der Sonnenthau, Drosera rotundifolia.
(nat. Gr.)

wette darauf, wenn sie ihnen in einem Gewächshause mitten unter Ausländern gezeigt werden sollte, sie würden sie als eine der zierlichsten und wunderbarsten Seltenheiten anstaunen. Ein Blick auf die Abbildung, welche jede weitere Beschreibung der Pflanze überflüssig macht, wird Das bestätigen. Der Sonnenthau ist zwar überall in Deutschland verbreitet, findet sich jedoch nur auf eigentlichen Moorwiesen. Seine zarte, fadenförmige Wurzel dringt kaum in den schwarzen Moorschlamm ein, sondern ist weich gebettet in den immer wassergetränkten Moospolstern, namentlich der Torfmoose, Sphagnum. Die Torfmoose sind es, welche bei sehr trocknem Wetter solchen Moorwiesen oft in großen Flächen eine fast weiße Färbung verleihen, indem ihre auch im feuchten Zustande nur hellgrüne, zuweilen an den Zweigspitzen kirschbraune Färbung in der Trockenheit verbleicht. Solche Orte, namentlich in Nadelholzwald gelegene, sind es, auf denen man nach Sonnenthau suchen darf, aber auch selten vergeblich suchen wird. Man wähle im Mai nur junge Pflänzchen, welche man an der auffallenden Blattgestalt leicht erkennen wird, und hebe sie mit dem Stück des Moospolsters, auf welchem sie wachsen, ab, was mit größter Leichtigkeit geschieht, während es schwer werden würde, herausgezogenen Pflänzchen nachher eine angemessene Einbettung der Wurzeln zu geben. Natürlich muß man bis zur Einpflanzung auf dem

Moosbett des Aquariums das geringste Vertrocknen der Pflänzchen vorsichtig vermeiden. Die Farbe der Blätter ist grünlichgelb, die in ein rundes Drüsenknöpfchen endigenden Haare ihrer Oberseite und ihres Randes sind schön weinroth gefärbt. Ende Junis kann man leicht keimfähigen Samen des Sonnenthaues sammeln und in den feuchten Moospolster auf dem kleinen Felsen zum Keimen bringen. Da die Pflanze zweijährig ist, so muß man den Samen gleich nach der Reife säen. Die jungen Pflänzchen bleiben bis zum nächsten Frühjahr tief in dem Moospolster versteckt und entwickeln sich dann schnell bis zur Blüthe.

5. Der Wassernabel, Hydrocotyle vulgaris. (Fig. 26.) Genau an denselben Orten wie der Sonnenthau und meist in Gesellschaft mit ihm findet sich die einzige in Deutschland sehr verbreitet vorkommende Pflanze, welche mit der bekannten Kapuzinerkresse das sonnenschirmähnliche Blatt gemein hat. Die

Fig. 26.

Der Wassernabel, Hydrocotyle vulgaris.(¹ 2)
a einzelnes Blüthendoldchen, nat. Gr.

Pflanze mit dem wunderlichen deutschen Namen, dessen Grund nicht einzusehen ist, gehört in die Familie der Dolden, von deren bekanntem Habitus sie sich freilich am Weitesten entfernt. Sie ist zwar nicht so ätherischer Natur wie der Sonnenthau, welcher seinen dichterischen Namen gewiß nicht unverdient trägt, erfordert aber ebenfalls sehr vorsichtige Behandlung.

6. Die Moorhaide, Erica tetralix. (Fig. 27.) Neben den zahlreichen Haiden unserer Gewächshäuser, welche größtentheils vom Cap der guten Hoffnung stammen, darf sich unsere Moorhaide wohl sehen lassen. Dies beweist die Abbildung, welcher ich nur noch hinzufüge,

Fig. 27.

Die Moorhaide, Erica tetralix. (½)
a eine Zweigspitze mit Blüthen, nat. Gr.

daß die schönen kugelrunden Glo-
ckenblumen eine rosenrothe Farbe
haben. Sie wächst auf Moor-
boden in Erlenbrüchen und Na-
delwäldern und in Haidemooren,
freilich nicht überall, und bildet
handhohe schlanke, verzweigte
Büschchen, an denen die Nadel-
blättchen vierreihig geordnet sind.

7. Die schwarze Rausch-
beere, Empetrum nigrum. An
ähnlichen Orten wie die Moorhaide, zuweilen jedoch auch an
ganz trocknen Orten, wachsen die
zierlichen kaum fingerlangen und
dicht mit ganz kleinen Blättchen
bedeckten Büschchen dieser Pflanze,
welche man an den am wenigsten
nassen Platz des Aquariums
bringen muß. Sie ist im Habitus
der Moorhaide ähnlich, doch gedrungener und ohne ins Auge fallende
Blüthen.

8. Die poleyblättrige Andromede, Andromeda polifolia. (Fig. 28.)
Zwar nicht eben weit verbreitet, kommt dieses schöne, kleine Büschchen
doch in vielen Gegenden Deutschlands an moorigen Stellen der
Nadelwaldungen vor. Die Pflanze gehört, wie Moosbeere und
ebenso Heidel- und Preiselbeere in die Familie der Haidegewächse,
theilt auch mit den meisten Pflanzen dieser Familie den Vorzug
der zierlichen Blüthenform und Farbe. Aus derselbe Familie können
noch einige deutsche Vertreter auf dem Felsen des Aquariums aufgenommen werden, namentlich

9. Der Porst, Ledum palustre, (Fig. 29.) und

Fig. 28.

Die polepblättrige Andromede, Andromeda polifolia. (^{1}/2)
a blühender Zweig, nat. Gr.

Fig. 29.

Der Porst, Ledum palustre. (^{1}/3)
a blühender Zweig, nat. Gr.

10. Die Moorheidelbeere, Vaccinium uliginosum. Der Porst erinnert lebhaft an die beliebten Ziersträucher der Azaleen und Alpenrosen. Durch seinen durchdringenden Geruch ist er als „Mottenkraut" ein Beschützer unseres Pelzwerks geworden.

11. Die gelbe Segge, Carex flava, (Fig. 30.) und

12. Die Borstsimse, Scirpus setaceus. (Fig. 31.) müssen neben den bisher genannten Sumpfpflanzen die Grasform auf dem Moor

Fig. 30.   Fig. 31.

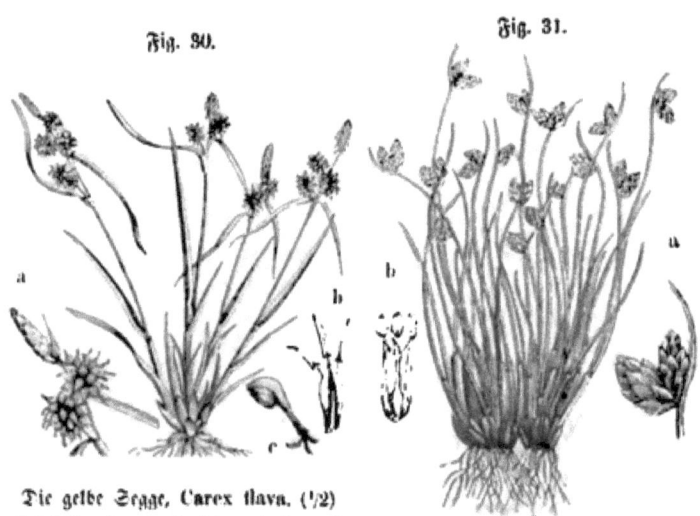

Die gelbe Segge, Carex flava. (½)
a Halmspitze mit zwei männlichen und einer weiblichen Aehrchen, nat. Gr., b ein männliches, c ein weibliches Blüthchen (4/1).

Die Borstsimse, Scirpus setaceus. (n. G.)
a Halmspitze mit zwei Aehrchen (2/1), b ein Blüthchen (6/1).

bette des Aquariums vertreten. Die Abbildungen der gelben Segge zeigt gewiß vielen meiner Leser zum ersten Male mit den unter Nr. 3 erwähnten Gattungsschwestern die zierliche Gestaltung der Blüthchen und Früchtchen dieser anspruchslosen Gewächse. Eine aus ländische Verwandte des anderen Grases ist seit einiger Zeit heimisch auf unseren Blumenfenstern geworden.

Auf Moorwiesen und an Sümpfen finden sich noch mehre niedliche Arten aus der von dem Landwirth so genannten Gruppe der

„sauren" oder unechten Gräser, deren Brauchbarkeit für den Felsen des Aquariums man leicht erkennen wird.

13. Die Selaginellen, **Selaginella**, sind die ersten Fremdlinge, deren Aufnahme in das Aquarium ich empfehle; denn die unter Fig. 32. und 33. abgebildeten deutschen und schweizerischen Arten sind

Fig. 32.

Fig. 33.

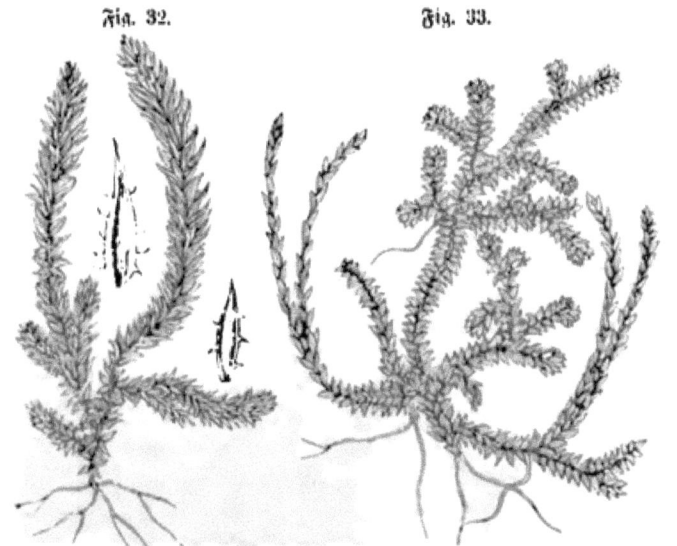

Die zahnblättrige Selaginelle, Selaginella spinulosa. (nat. Gr.) Daneben zwei vergrößerte Blättchen.

Die schweizerische Selaginelle, Selaginella helvetica. (nat. Gr.)

schwerer zu bekommen als einige ausländische. Die Abbildungen rufen diese gewiß allgemein bekannten, durch ihre reiche Verzweigung und durch ihre dichtstehenden flächenartig ausgebreiteten kleinen Blättchen sehr an Moose erinnernden Pflanzen meinen Lesern ins Gedächtniß. Die Selaginellen sind die nächsten Verwandten unserer Bärlapp-Pflanze (Lycopodium clavatum), und einige Arten bewohnen die Alpen der Schweiz und des süddeutschen Hochlandes. Mehrere ausländische, einander übrigens sehr ähnliche Arten, werden in jedem Gewächshause in Menge gezogen und sind daher gewiß überall sehr

leicht zu beziehen. Sie müssen so gepflanzt werden, daß ihre moos-
artig kriechenden Stengel Platz haben, um sich auszubreiten und
namentlich an kleinen Felsenwänden herabzuhängen.

In der Wahl der Farrenkräuter, welche zum Schmucke des Felsens im Aquarium Verwendung finden können, ist man leider ziemlich beschränkt, weil die meisten einen zu großen Wurzelraum bean-
spruchen. Ich möchte etwa folgende empfehlen.

14. Der Rippenfarren, Blechnum Spicant oder **Bl. boreale.**
(Fig. 34.) Die äußerst regelmäßig tief fiederspaltigen Wedel dieses

Fig. 34.

Der Rippenfarren. Blechnum Spicant. (½)
a eine Wedelspitze, nat. Gr., b eine Fieder eines fruchtbaren Wedels (⅔).

Farrenkrautes haben den Vorzug vor vielen anderen, daß sie sehr
lange lebendig bleiben — stets so lange, bis sich wieder neue Wedel
ausgebildet haben. Der besondere Name „Wedel" ist den Farren-

blättern deswegen ertheilt worden, weil sie mehr als bloße Blätter
sind; denn sie tragen auf der Rückseite in regelmäßiger, bei den verschiedenen Gattungen höchst mannchfaltiger Anordnung, die kleinen
sandkorngroßen Kapselfrüchtchen. Bei dem Rippenfarren thun das
wie bei einigen anderen nicht alle Wedel, sondern blos die einen sind
fruchtbar, während die anderen unfruchtbar bleiben. Die fruchtbaren
sind meist um einige Zoll höher, ihre Fiedern schmäler und auf der
Rückseite ganz mit den dunklen Kapselchen bedeckt. Sie stehen steif
aufrecht, während die unfruchtbaren Wedel sich als schöner Busch
nach allen Seiten ausbreiten. Der Wurzelstock, mit Wurzelfasern und
braunen Schuppen versehen, ist an einem mittelmäßigen Exemplare
höchstens faustgroß und deshalb wohl unterzubringen. Der Rippenfarren muß aber auf die höchste Spitze in eine mit Haideerde ausgefüllte
Vertiefung des kleinen Kalkfelsens gepflanzt werden, wohin nur soviel
Wasser dringen kann, als in den Poren des Kalksinters emporsteigt.

15. Dasselbe gilt auch von dem **weiblichen Milzfarren,** Athyrium
filix femina (Fig. 35.), einem unserer schönsten und im Flachlande eben
so wie in dem Gebirge sehr verbreiteten Farrenkraute. Sein ziemlich kleiner Wurzelstock macht es zur Einpflanzung in den geringen
Raum des Felsens geeignet; nach meinen Erfahrungen gedeiht es hier
auch sehr gut und entfaltet seinen zierlichen, einer Palmenkrone
ähnelnden Wedelbüschel in erwünschter Weise. An unserer Figur
sehen wir zwei junge Wedel, welche uns das allen Farrenkräutern
eigene Merkmal zeigen, daß sie anfänglich wie eine Uhrfeder zusam-
mengerollt sind, und sich bei der Entfaltung allmälig aufwickeln.

16. Der **Königsfarren,** Osmunda regalis. Die doppeltgefiederten,
leider nur zu groß werdenden Wedel entspringen einem dicken gestreck-
ten Wurzelstocke, so daß man im günstigsten Falle nach jungen
Exemplaren suchen muß, deren Wurzelstock dann dem ihm verfüg-
baren, beschränkten Raume des Aquariums sich anbequemt. Der
Königsfarren ist neben dem Adlerfarren, Pteris aquilina, unser statt-
lichstes Farrenkraut und eignet sich für das Aquarium um so mehr,

Fig. 35.

Weiblicher Milzfarren, Athyrium filix femina. (¹/₆)
a b die Hälften einer Wedelfieder, nat. Gr., c ein Theil derselben, von der Unterseite gesehen, mit Fruchthäuschen (20/₁), d ein Fruchthäuschen (100/₁).

als er wild in Waldsümpfen, Erlenbrüchen, an Waldbächen und ähnlichen Orten wächst; leider gehört er zu den selteneren Pflanzen.

17. Der Straußfarren, **Struthiopteris germanica** (Fig. 36.), ist kaum minder schön als der Königsfarren und bildet einen geschlossenen, sich nur wenig federbuschartig ausbreitenden Wedelstrauß. Wenn der Königsfarren doch vielleicht etwas zu hoch wird, so ist der Straußfarren gerade angemessen, den Gipfel des kleinen Felsens im Aquarium einzunehmen; er überragt den Rippenfarren (No. 14.) etwa um 4—6 Zoll und kommt dem Milzfarren gleich. Seinen natürlichen Standorten, feuchten felsigen Waldstellen, entsprechend, paßt er ganz gut in das Aquarium an den bezeichneten Ort. Er gehört aber keineswegs zu den allgemein verbreiteten deutschen Farrenkräutern.

Fig. 36.

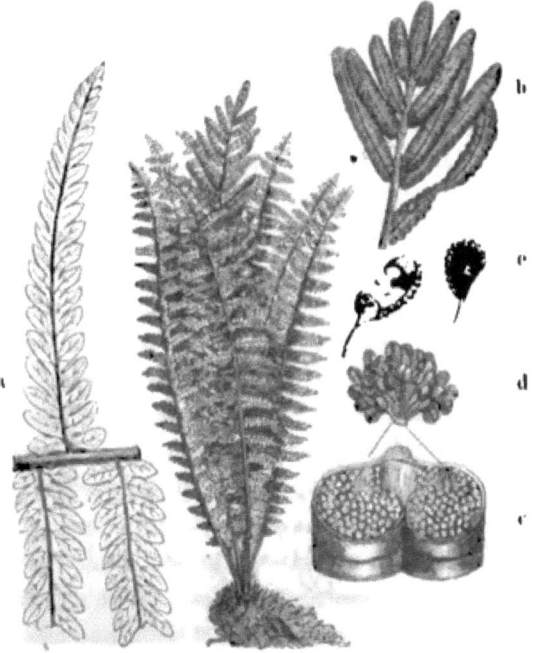

Der Straußfarren, Struthiopteris germanica (½).

a ein Stück eines unfruchtbaren Wedels, nat. Gr., b die Spitze eines fruchtbaren Wedels, nat. Gr.,
c ein Querschnittchen aus b bei ° (20/1), d ein Fruchthäufchen (100/1), e eine ganze und eine
aufgerissene Kapsel (200/1).

Zum Einpflanzen der Farren muß man Haideerde wählen und
ihr eine Handvoll grob zerstoßene Holzkohle beimengen.

Ich benutze den Straußfarren, um über die so höchst eigenthümlichen Verhältnisse der Fruchtbildung bei den Farrenkräutern
Einiges einzuschalten.

Wie bei den Rippenfarren (Fig. 34.), so sind noch mehr bei dem
Straußfarren die fruchtbaren Wedel von den unfruchtbaren verschieden,
nämlich nur die letzteren auch in ihren feinsten Fiederchen ganz ausgebildet,
während diese an den fruchtbaren verkümmern, an den Rändern
sich zurückrollen und die Kapselfrüchtchen umschließen, welche die ganze

Rückseite des Wedels bedecken. Ersichtlich wird das Gesagte durch Fig. 36 c., welche ein Querschnittchen aus einer Wedelfieder darstellt, wie Dies durch die beiden Linien angedeutet ist, auf welche an b durch ein Sternchen verwiesen ist. Die gestielten Kapseln stehen in kleinen Büscheln d zusammen und haben auf der Wölbung einen gegliederten Ring e. Dieser hat eine gewisse Federkraft und dient nach der Reife der eingeschlossenen Samenkörnchen dazu, die Kapselhaut zu zerreißen, wie es die andere Kapselfigur darstellt.

18. Der Aronstab, Calla aethiopica. Diese allgemein bekannte und beliebte Pflanze ist geeignet, in Ermangelung einheimischer den Mittelpunkt des Felsens zu zieren. Für sie darf oder muß eigentlich der Platz für die Wurzel sehr naß, am besten unter dem Wasserspiegel liegen. Sie hat nur ein Unbequemes: ihre Länge und ihre Schwere, so daß sie sich ohne Stab nicht gut tragen kann. Man muß daher die Pflanze nicht zu alt und zu groß werden lassen. Ein zu üppiges Wachsthum verhindert man dadurch, daß man sie nicht zu naß, also nur auf die Spitze des Felsens pflanzt, wo sie freilich immer noch dadurch gefährlich werden kann, daß dieser, wenn er nicht

Fig. 37.

Das Schlangenkraut. Calla palustris. (¼)

sehr fest auf breiter Grundfläche aufliegt, durch die schweren Blätter das Uebergewicht bekommt.

19. Das Schlangenkraut, Calla palustris (Fig. 37.), welches hier und da, namentlich im nördlichen Deutschland an den Rändern versumpfter Teiche und kleiner Landseen häufig wächst, ist eine nahe Verwandte des Aaronstabes, kann eben so wie letzterer angewendet und behandelt werden und bleibt viel niedriger.

8.

II. Pflanzen für das Becken-Aquarium.

Der Begriff „Becken-Aquarium" ist ein sehr weiter, indem man ihn bis zu dem freien Garten-Bassin erweitern kann. Zunächst denke ich hier nur an kleine Wasserbecken auf dem Boden eines Gewächshauses oder eines geräumigen hellen Gartensalons. Die höchste Stufe des Aquariums bildet zuletzt das freie Garten-Bassin, wie es unser Titelbild zeigt.

Hieraus geht von selbst hervor, daß alle bereits aufgeführten Pflanzen auch für diese Art des Aquariums angewendet, ihnen aber andere zugefügt werden können, welche ich, ihrer bedeutenden Größe halber, bisher weglassen mußte.

1. **Der ästige** und **der einfache Igelkolben, Sparganium ramosum** (Fig. 38.) und **Sp. simplex.** Beide Arten bilden, namentlich durch ihre Blätter, neben dem eigentlichen Schilfrohr, Phragmites communis, und einigen nachfolgenden Pflanzen für die flüchtige ungenaue Auffassung den weiten Begriff „Schilf". Von allen diesen vermeintlichen Schilfpflanzen hat der größere ästige Igelkolben, welchem die andere Art in allen Punkten ähnelt, nur daß sie kleiner und schlanker ist, die schönsten, säbelförmig geschwungenen Blätter, welche bis drei Fuß lang und über einen Zoll breit werden. Am Grunde des runden Schaftes sind sie von zwei Seiten einander messerscheiden-artig umfassend angeordnet. Es ist Dies, beiläufig gesagt, ein nicht unwesentlicher, wenn auch nicht ausnahmsloser Charakter der großen Mehrzahl der sogenannten einsamenlappigen Pflanzen (Monokotyle-donen), wodurch sich der berühmte Botaniker Y. Reichenbach veranlaßt sah, darauf eine Pflanzenklasse, die er sehr passend Scheidenpflanzen, Coleophyten, nennt, zu gründen. Ueberraschend und neu werden den meisten meiner Leser und Leserinnen die abenteuerlichen Blüthen der Igelkolben sein. Sie bilden, in Vielzahl strahlenförmig zusammen-gedrängt, runde Knäuel, welche in den Achseln der Schaftblätter, die

Fig. 38.

Der ästige Igelkolben, Sparganium ramosum. (¹⁄₁₂)

a ein Blüthenzweig, unten mit zwei weiblichen, oben mit männlichen Blüthenknäueln (¹⁄₂)

oberen jedoch ohne dieselben stehen. Die oberen kleineren Köpfchen bestehen aus höchst unvollständigen Blüthchen, deren jedes nur eine Kelchschuppe und meist drei Staubgefäße hat. Die weiblichen Blüthenknäuel, welche tiefer am Schafte stehen und größer sind, haben einen dreiblätterigen Kelch und ein Pistill. Diese sonderbare Blüthenbildung, die in die noch fremdartigere Fruchtbildung übergeht, wodurch die weiblichen Blüthenköpfchen zu morgensternähnlichen (igelähnlichen) Kugeln werden, giebt dem schönen Gewächs einen fremdländischen

Habitus. Am Rande der Teiche und breiter Gräben, so wie an den schleichenden Flüssen der Ebenen findet sich namentlich der ästige Igelkolben sehr weit verbreitet.

2. **Die Wasserviole, Butomus umbelatus.** (Fig. 39.) Auch sie ist eine von denjenigen deutschen Pflanzen, deren Bekanntschaft der

Fig. 39.

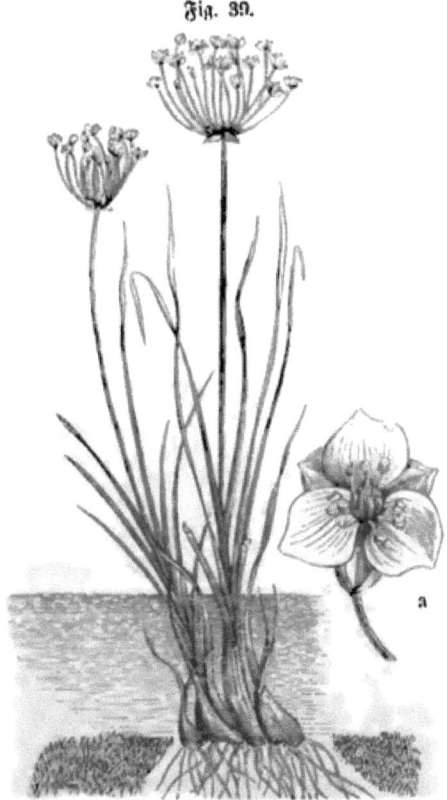

Die Wasserviole, Butomus umbellatus. (¹⁄₆)
a eine einzelne Blüthe, nat. Gr.

Nichtkundige, ohne durch ihre auffallende Schönheit und ihren fremdartigen Habitus überrascht zu werden, nicht machen kann. Aus einer kriechenden fleischigen Wurzel erhebt sich ein Strauß über zwei Fuß hoher schmaler, riemenförmiger Blätter, zwischen denen ein noch höherer blätterloser Blüthenschaft aufragt, welcher an der Spitze eine Dolde von 10—15 violetten, dreiblätterigen Blumen trägt. In Sümpfen, Gräben, an Teichrändern findet man die Wasserviole durch ganz Deutschland ziemlich weit verbreitet; nur in Gebirgsgegenden pflegt sie zu fehlen.

3. 4. Die große und die kleine Rohrkolbe, Typha latifolia und Typha angustifolia. Jeder Leser wird sich beim Anblick dieser beiden Pflanzen an seine Knabenjahre erinnert fühlen, in denen es zu den besonderen Wünschen gehörte, den Blüthenschaft einer Rohrkolbe zu erlangen. Es erfordert einige Anstrengung, um den starken Wurzelstock aus dem Schlammgrunde zu heben, in welchem sie am Rande der Teiche und großer Gräben, namentlich die breitblättrige Art, in Deutschland an vielen Orten wächst. Man muß sich dabei hüten, die Stöcke durch Ziehen aus dem Boden herauszureißen, weil Dies nicht ohne eine Verletzung des inneren Zellgewebes möglich ist, in Folge deren die Stöcke alsdann meist eingehen.

Fig. 40.

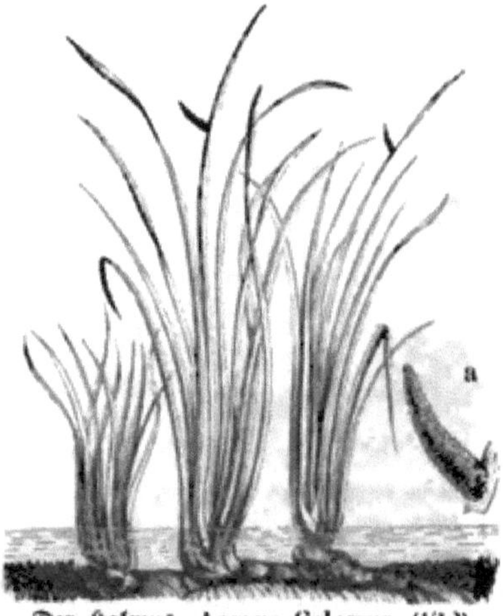

Der Kalmus, Acorus Calamus. (1/12).
a der Blüthenkolben (1/2).

5. Der Kalmus, Acorus calamus. (Fig. 40.) Unter dem weitschichtigen Begriff „Schilf" versteckt sich auch diese schöne Pflanze an den Rändern der Teiche, breiter Gräben und selbst langsam fließender Flüsse, und es wird wenige Nichtbotaniker geben, welche den höchst eigenthümlichen Blüthenbau des Kalmus schon einmal gesehen haben. Die Blätter sind denen der Rohrkolben und des großen

Igelkolbens sehr ähnlich; aber ihre und des langen Schaftes Zwei-
schneidigkeit und der bekannte Reichthum der ganzen Pflanze an
aromatischem Stoff läßt sie leicht unterscheiden. Die sehr kleinen
sechsblättrigen, mit sechs Staubgefäßen und einen Pistill versehenen
Blüthchen sind in regelmäßigen Spiralreihen auf einem spindelförmigen
Kolben zusammengedrängt, welcher einige Aehnlichkeit mit einem Kiefer-
zapfen hat. Längst in ganz Teutschland verbreitet, ist der Kalmus
dennoch kein eingeborner Teutscher, sondern, wie man sagt, vor alten
Zeiten durch Mönche aus dem Morgenlande eingeführt worden. Die
Figur ist ungewöhnlich stark verkleinert.

6. Die gelbe Schwertlilie, Iris Pseudacorus. (Fig. 41.) Durch
die zahlreichen Farbenspielarten in unseren Gärten sind die Schwert-
lilien hinlänglich bekannt. Die schönen, großen, citronengelben Blumen der genannten Art, welche ihre säbelförmigen blaugrünen Blätter
ebenfalls dem unklaren Begriffe von „Schilf" preisgiebt, bildet einen
wesentlichen Farbenschmuck des Becken-Aquariums. In ebenen und
oft auch in Gebirgsgegenden findet man die Schwertlilie gemein an
Teichrändern, Gräben, Sümpfen und auch an langsam fließenden
Flüssen, und es ist leicht, den dicken vielgliedrigen, knolligen Wurzel-
stamm vom Boden der Gewässer abzulösen.

7. Der Fieberklee, Menyanthes trifoliata. Seine Blumen gehören
unbedingt zu den schönsten der deutschen Flora und sind dennoch die
wenigstgekannten, weil sie immer nur an für Spaziergänger unzu-
gänglichen Orten zu finden sind, nämlich entweder im offenbaren
Sumpfe oder auf dem gefährlichen unter dem unvorsichtigen Tritte
leicht zerreißenden Moos- und Blumenteppich, welcher sich über tiefen
Mooren ausspannt. Die Blätter sind dreizählig wie am Klee, und
die blendend weißen Blüthen ähneln denen der Hyacinthe, sind aber
auf der Oberseite ihrer Blättchen zierlich gebartet. Der Fieberklee
muß mit seinen kriechenden Wurzeln an eine Stelle des seichten
Randes des Becken-Aquariums gebracht werden.

Fig. 41.

Die gelbe Schwertlilie, Iris Pseudacorus. (¹/₆)
a Blüthe (¹/₂).

8. 9. Einige Binsen- oder Simsenarten, namentlich **Scirpus lacustris** und **maritimus** verdienen ganz besonders im freien Becken-Aquarium aufgenommen zu werden. Die erstgenannte Art, die **Teichbinse**, bildet namentlich in großen Teichen ganze Schilffelder von Mannshöhe, welche sich durch eine dunkelblaugrüne Färbung aus-zeichnen. Etwas weniger verbreitet ist die zweite Art, die **Meerbinse**, welche sich namentlich durch eine knollentragende Wurzel von der ersteren unterscheidet. Bei beiden sind die Blüthchen in eirunde Aehr-

chen zusammengestellt; bei der ersteren zu einem Büschel dicht zu-
sammengehäuft, bei der letzteren als lockere Trugdolde ausgebildet.

10. Die gewöhnlich so genannten **Binsen,** von den Botanikern
mehr **Simsen** genannt, gehören der Gattung **Juncus** an, namentlich
drei einander sehr ähnliche Arten, welche ihre großen pinselartigen
Stöcke fast in allen Wassergräben, auch wenn dieselben zeitweise
vertrocknen, entwickeln. Es sind dies die Arten J. **conglomeratus,**
effusus und **glaucus.**

11. 12. **Die weiße Seerose, Nymphaea alba, und die gelbe**
Seerose oder **Nixblume, Nuphar luteum.** Einen entschieden tropischen
Zug in der Physiognomie unserer Flora bildend, dürfen sie im
tiefsten Mittelpunkte eines freien Becken-Aquariums natürlich nicht
fehlen. Nur an Größe, sicher aber nicht an Schönheit und Majestät
des Baues, steht die weiße Seerose ihrer tropischen Schwester, der
Victoria regia, nach. Unsere deutschen Schwestern dieser stolzen
Bewohnerin Guyana's sind viel zu bekannt, als daß sie hier noch
abgebildet und beschrieben werden müßten. Leider sind beide zu groß
und fordern, ihrer armsdicken, fleischigen, kriechenden Wurzelstöcke
halber, einen viel zu beträchtlichen Bodenraum, als daß sie in dem Kelch-
und Kasten-Aquarium Aufnahme finden könnten. Auch im Becken-
Aquarium verlangt ein Stock von jeder mindestens einen Flächenraum
von einer Geviertelle und wegen ihrer sehr langen Blatt- und Blüthenstiele eine Wassertiefe von mindestens zwei Fuß. Man muß sie
daher in den Mittelpunkt bringen, damit die schräg aufsteigenden Blatt-
und Blüthenstiele von hier aus Raum haben, sich nach allen Seiten
strahlig auszubreiten. Die Seerosen bedürfen eine ziemlich tiefe
Schicht Teichschlamm für ihren mächtigen Wurzelstock.

13. Die seeroseuähnliche **Villarsie, Villarsia nymphaeoides** (Fig.
42), ist in Blatt und Blüthe ein Abbild der gelben Seerose im Kleinen,
ohne nahe mit ihr verwandt zu sein. Ihre prachtvoll goldgelben
Blüthen ähneln einigermaßen denen der Gurke. Die thalergroßen,
etwas buchtig ausgezackten Blätter schwimmen ebenfalls auf dem Wasser;

ihr Wurzelstock aber ist klein und besteht nur aus wenigen Fasern. Sie verlangt eine Wassertiefe von wenig mehr als 1 Fuß, und wäre deshalb allenfalls in einem Kelch-Aquarium unterzubringen, wenn man im Frühjahre junge Pflänzchen dazu auswählt. Im Süden Deutschlands ist die Villarsie in großen Teichen, Landseen und langsam fließenden Gewässern ziemlich gemein, fehlt aber im mittlern Deutsch-

Fig. 42.

Die seerosenähnliche Villarsie, Villarsia nymphaeoides. (¹/₃)
a eine Blüthe (¹/₂), b eine Kapsel (²/₃).

land an den meisten Orten. Es ist jedoch leicht, sie einzuführen, weil sie sich leicht und schnell außerordentlich vermehrt, wie sie z. B. in wenigen Jahren einen Theil des Teiches im botanischen Garten der Universität Leipzig eingenommen hat und im Juni mit ihren Blüthen förmlich übersäet.

14. Die Wassernuß, Trapa natans. (Fig. 43.) Auf dem Wasserspiegel der Teiche und großen Lachen schwimmen, an fadendünnem,

langen Stengel buchstäblich vor Anker liegend, die zierlichen Blätter-
rosetten dieser meist nur im Nachen erreichbaren und darum wenig
gekannten Pflanze. Ihr Anker ist die schwarze stachelige im Schlammgrunde eingebettete Nuß, aus welcher die Pflanze emporkeimte. Ihre

Fig. 43.

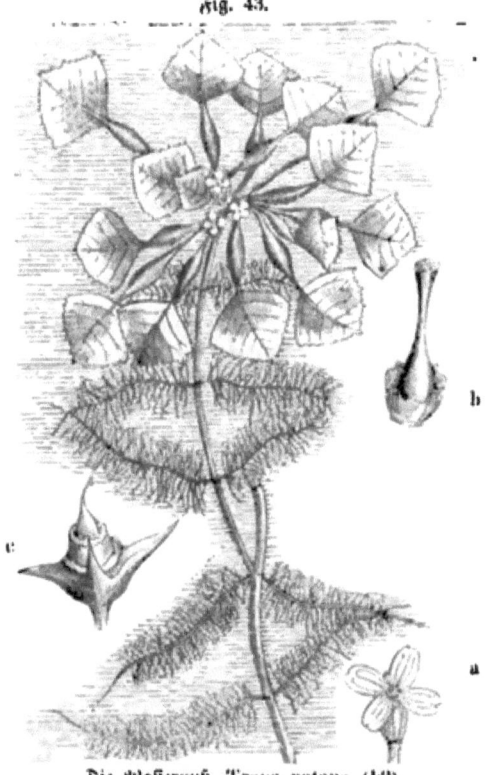

Die Wassernuß, Trapa natans. (½)
a eine Blüthe, nat. Gr., b der Griffel mit dem Kelchrande (⅔₁), c eine junge Nuß, nat. Gr.

sonderbar gestalteten rautenförmigen Blätter mit in der Mitte ge-
schwollenen Stielen geben dieser ein fremdländisches Ansehen. Im
Mittelpunkte der kleinen schwimmenden Blätterinsel stehen die weißen
Blüthen, an denen Kelch- und Blumenblätter und Staubgefäße in der
Vierzahl vorhanden sind.

4*

15. Zu den Grenznachbarn der Farren, früher im System mit ihnen verbunden, gehören auch die **Schachtelhalme, Equisetum**, von denen einige Arten in Gräben, an verschilften Teichen und in Sümpfen sehr verbreitet vorkommen. Ihr Bau ist durch den gebräuchlichen Schachtelhalm, E. hiemale, allgemein bekannt. In dem freien Becken= Aquarium ist besonders das stattliche **E. limosum** zu empfehlen, welches meist unverästelte, ziemlich dicke Schäfte treibt, auf dessen Endgliede der fast schwarze, einer Ananas ähnliche Blüthen= oder vielmehr Fruchtzapfen sitzt. Die Schachtelhalme kriechen mit ihrem Wurzel= stock weit im Boden umher, und es sieht im Frühjahr besonders schön aus, wenn sie unter dem Wasserspiegel spargelähnlich ihre Schosse empor= und zuletzt hoch über denselben hinaustreiben.

16. Endlich sei hier noch, allein mit vorsichtiger Beschränkung, der **Süßwasser=Algen** gedacht, jener meist überaus lebhaft grünen, zarten Fadenschöpfe, welche oft in ungeheurer Menge Gräben und Sümpfe anfüllen und auch von den triefenden Mühlrädern und Mühl= gerinnen herabhängen. Vorsichtig muß man sowohl ihre zu starke Vermehrung wie auch ihr Absterben überwachen, weil sie im letzteren Falle das Wasser schnell verderben. Wem aber das Aquarium zu= gleich eine Vorrathskammer für mikroskopische Beobachtungsgegenstände sein soll, dem dürfen Algen nicht fehlen, theils an sich, theils weil sie die Tummelplätze für eine Menge jener niedern Thier= und Pflanzen= formen sind, welche man, Thierisches und Pflanzliches zum Theil noch zusammenwerfend, mit dem nichtssagenden Namen Infusorien belegt.

Am Ende meiner Aufzählung hebe ich nochmals ausdrücklich her= vor, daß damit die Zahl der für das Aquarium brauchbaren Pflanzen keineswegs erschöpft ist. Wen sein Aquarium verlockt hat, über das= selbe hinweg in und auf die natürlichen Aquarien seiner Umgegend, auf Teiche und Sümpfe, zu blicken; der wird in diesen noch manche geeignete Pflanze entdecken; denn ein Entdecken wird es ihm sein, wenn er eine ihm noch nicht bekannte mit nach Hause in seine nächste Nähe nehmen und dort fortgedeihen lassen kann.

9.

Die Thiere des Aquariums.

Der Goldfisch ist das Motto zu diesem Kapitel. Von den Chinesen erhielten wir ihn, die einzige Fischart überhaupt, welche jemals
in Europa eingeführt worden ist.

Aber fast jede Thierklasse stellt ihre Mannen zur Belebung unserer
Aquarien; denn man kann, falls man sonst die Mühe der nöthigen
Vorrichtungen gegen das Weglaufen nicht scheut, selbst Säugethiere,
beispielsweise die Wasserspitzmaus, gewiß darin heimisch machen. Ich
führe die Thiere des Aquariums der Reihe nach an, von den untersten
beginnend und mit denjenigen schließend, welche auf den Staffeln des
Thiersystems am höchsten stehen.

I. Für die Infusorien haben wir nicht zu sorgen. Mit jeder
Wasserpflanze bringen wir unwillkürlich, ja unausbleiblich einen Stamm
dazu mit in das Aquarium, in welchem sich daraus oft in sehr kurzer
Zeit Milliarden entwickeln, so daß sie wenigstens als ein grauer oder
weißlicher oder bräunlicher Ueberzug in der Masse uns sichtbar werden,
wenn auch erst eine hundertfache Vergrößerung uns ihre oft über-
raschenden Gestalten zeigt. So wird uns das Aquarium ein Maaß-
stab, an dem wir mit Staunen die unerschöpfliche Lebensfülle der
Natur in diesen kleinen Wesen wenigstens ahnend schätzen können. Jedes
faulende Blättchen des Aquariums, fast jeder Blattstiel der lebendigen
Pflanzen zeigen sich meist mit einem zarten flockigen Ueberzuge bedeckt,
welcher sich unter dem Mikroskop in Welten von Infusorien auflöst.
Ich muß mir es versagen, auf ihre Beschreibung einzugehen, um nicht
die Abbildungen noch weiter zu vermehren, ohne welche eine Schilderung
dieser mikroskopischen Geschöpfchen nur sehr mangelhaft bleibt*).

---

*) Viele, wenigstens die größeren Infusorien sind schon mit den kleinen Mikro-
skopen aus der Anstalt von Engel und Comp. in Wabern bei Bern (Hauptnieder-
lage für Teutschland: Schäffer und Budenberg in Magdeburg) zu sehen, welche mit
Gebrauchsanweisung ½ Thlr. kosten. Es gehört ein solches als ein beinah' uner-
läßliches Ding zu jedem Aquarium.

II. Aus der Klasse der **Moosthierchen**, welche in unseren süßen Gewässern mehrere Vertreter hat, sind mehre Arten für das Aquarium zu empfehlen, wenn sie auch nicht für das schmucksuchende Auge, sondern nur für den scharfspähenden Blick Bedeutung haben. Ich nenne namentlich zwei nahe verwandte Thierchen, welche beide wie die prachtvollen Korallenpolypen des Meeres zierliche Polypenstöcke bauen, in deren Zellen die einzelnen Thierchen hausen. Es sind diese der **Federbusch=Polyp, Plumatella campanulata, und der Süßwasser= Schwamm, Halcyonella stagnorum.** Ersterer heftet seine kleinen ver= ästelten röhrenförmigen Polypenstöcke an der Unterseite der Meerlinsen und namentlich der Seerosenblätter an, letzterer überzieht in oft über zelldicken Klumpen in das Wasser hineinragende Wurzeln und Blätter der Uferpflanzen oder bekleidet in dünneren Schichten selbst die Gehäuse der Schnecken= und Mu= schelthiere. Nebenstehende Abbil= dung, Fig. 44., giebt eine Vor= stellung von diesen Geschöpfen, welche ziemlich auf der untersten Stufe des Thierreichs stehen.

Die Uebertragung von ihren Fundorten, Teichen und Flüssen, in das Aquarium muß schnell und mit Verhütung des Vertrocknens bewerkstelligt werden, ist also ziem=

Fig. 44.

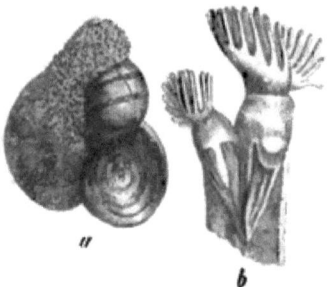

a

b

Der Süßwasserschwamm, Halcyonella stagnorum.
a ein Schneckenhaus, zum Theil mit dem Polypenstock überzogen (nat. Gr.), b zwei einzelne Polypen (100/1).

lich schwierig. Besonders muß man bei dem möglichst rasch zu be= wirkenden Transport das Verderben des Wassers zu vermeiden suchen. Hat man die an den Gehäusen lebender Schnecken und Muscheln sitzenden Polypenstöcke glücklich in das Aquarium gebracht, so werden sie darin sicher gedeihen, da namentlich die Sumpfschnecke, welche an Fig. 44. die Trägerin ist, sehr gut darin fortkommt, ein Gleiches also auch von den Moosthierchen zu hoffen ist. Nur der Zufall oder

der kundige Blick eines Naturforschers kann übrigens diese unschein-
baren und doch so interessanten Gebilde auffinden.

III. Mehrere Thierklassen überspringend, weil dieselben uns nichts
Annehmbares oder für das süße Wasser überhaupt Nichts zu bieten
haben, verweile ich bei der Klasse **der Würmer** im engeren Sinne
(wissenschaftlich Ringelwürmer zu nennen) auch nur kurz, weil deren
Egelarten, Hirudo und Glepsine, so schön manche sind, als Feinde
der Fische und anderer Aquarien-Bewohner ausgeschlossen werden
müssen. Allenfalls die scharlachrothen bis 4 Linien langen **Wasserschlän-
gelchen, Nais,** und der Schlammröhren bauende **Tubifex rivulorum**
dürfen und werden sich in das Aquarium verlaufen.

IV. Aus der Klasse **der Insekten,** welche viele Vertreter im
Wasser hat, muß mit Vorsicht eine Auswahl getroffen werden,
weil einige, leider sonst gerade von besonderem Interesse, arge Ver-
folger der kleinen Fische sind. Ich will sie deshalb ganz besonders
hervorheben, als solche, welche n i c h t in das Aquarium aufzunehmen
sind. Vor allen gehören dahin die Larven einiger großer Wasserkäfer,
namentlich der Gattung **Schwimmkäfer, Dytiscus** (latissimus, marginalis u. s. w.), und des **großen Wasserkäfers, Hydrophilus piceus.**
(Fig. 45. 1, 2 und 3.) Die Käfer selbst sind auch noch deshalb nicht
zu empfehlen, weil sie des Abends gern das Wasser verlassen und
unter lautem Gebrumm im Zimmer umherfliegen. Der gerühmte
Instinkt, welcher ja die Thiere zu willenlosen Maschinen machen soll,
sagt ihnen nämlich nicht, in welchem Winkel des Zimmers das Aquarium steht! Hat man bei seinem Aquarium besonders die Thierwelt
im Auge, so dürfen die schönen Thiere allerdings nicht fehlen. Die
Larve des Schwimmkäfers vertritt das Element des wilden Raub-
thieres, während die Schwimmwanze als geschickte Rückenschwimmerin
(was auch der Name Notonecta ausdrückt) belustigt.

Zu verbannen sind ferner einige Wasserinsekten aus der Ordnung
der Wanzenartigen, namentlich **der Wasserskorpion, Nepa cinerea**
(Fig. 45. 5.) und **die Schwimmwanze, Notonecta glauca** (Fig. 45. 4.)

weil beide der Fischbrut nachstellen. Will man jedoch in dieser Be-
ziehung ein Opfer bringen und sich vor ihren empfindlichen Stichen
in Acht nehmen, so empfehlen sich beide durch ihre abenteuerliche Gestalt
und die Schwimmwanze, wie eben erwähnt, namentlich dadurch, daß

Fig. 45.

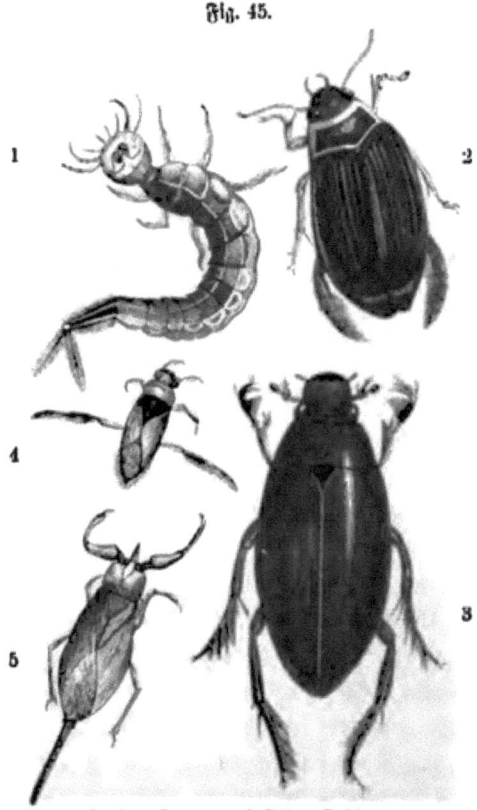

In dem Aquarium schädliche Insekten.
1. 2. Der gerandete Schwimmkäfer, Dytiscus marginalis, mit seiner Larve.
3. Der große Wasserkäfer, Hydrophilus piceus. 4. Die Schwimmwanze, Notonecta glauca. 5. Der Wasserskorpion, Nepa cinerea.

sie auf der Oberfläche des Wassers auf dem Rücken schwimmend
herumfährt und dabei mit ihren langen Beinen rudert.

Wir gehen zu denjenigen Insekten über, welche uns das Aquarium bevölkern sollen und mancherlei belehrende Unterhaltung gewähren werden.

Fig. 46.

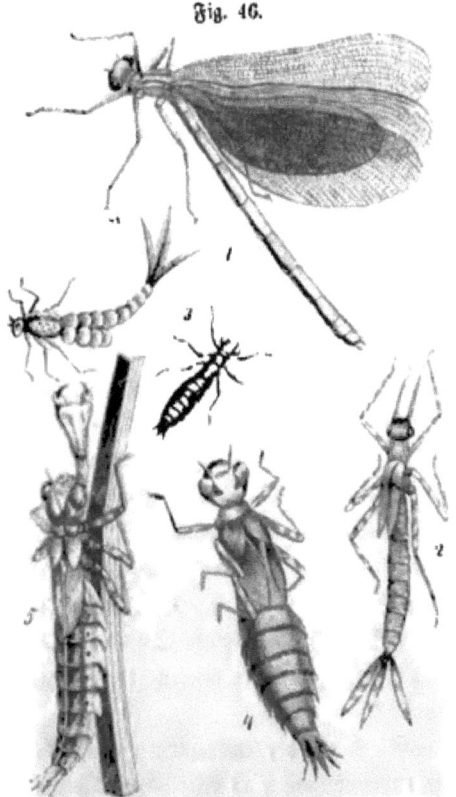

1. 2. Die stahlblaue Wasserjungfer, Agrion virgo, mit ihrer Larve. — 3. Larve und 4. 5. Puppen der großen Libelle, Aeschna grandis. Die Larve 5 hat ihre Fangmaske nach der Larve einer Eintagsfliege ausgestreckt. (Alle nat. Gr.)

1. Dazu gehören vor allen Dingen die Larven und Puppen der Libellen oder Seejungfern aus den Gattungen **Libellula, Agrion** (Fig. 46. 1, 2.) und **Aeschna** (Fig. 46. 3, 4, 5.): denn diese bekannten Schwärmer in der lauen Sommerluft, welche sie bald mit schnarren-

dem Flügelschlage, bald lautlos durchschwärmen, leben in ihren früheren
Zuständen im Wasser, und Nichts erinnert an ihrer oft mit leuchten=
den Farben und feinmaschigen Flügeln geschmückten Gestalt, daß sie
den größeren Theil ihres Lebens häßliche Wasserthiere gewesen.
Sind sie aber auch häßlich, so verdienen sie dennoch namentlich aus
einem Grunde in das Aquarium aufgenommen zu werden. Dieser
liegt in einem sonderbaren Werkzeuge, der sogenannten Fangmaske,
welches sie an der Unterseite des Gesichts tragen, und womit sie ihre
Nahrung, allerlei kleine Wasserthiere, fangen. In der Ruhe liegt die
Fangmaske, welche aus drei auseinanderzuklappenden Gliedern zu=
sammengesetzt ist, an der Unterseite des Gesichtes, es eben wie eine
Maske bedeckend. Langsam nähert sich das träge Thier seinem Opfer,
streckt plötzlich die Fangmaske aus und packt dasselbe mit den scharfen
Klauen, welche an dem vorderen breiten Ende derselben stehen. (Fig.
46. 5.) Von besonderem Interesse ist es, den Akt zu belauschen,
wenn sich an einem über dem Wasserspiegel emporragenden Stengel das
häßliche Wasserthier in die schlanke buntfarbige Libelle verwandelt, eine
Gelegenheit, welche nicht leicht von einem andern Insekt so bequem geboten
wird. Man sieht, wie die neugeborne Libelle ihre bisherige Gestalt als
leeres Futteral zurückläßt, und mit Staunen nimmt man wahr, daß die
vier großen Flügel bisher in den kleinen Scheiden Platz hatten, welche
nur einen kleinen Theil des platten Rückens der Libellenpuppe bedecken.
(Fig. 46. 4 und 5.)

2. Wenn auch die Larven der Köcherjungfern oder Phryganeen manch=
mal ziemlich arge Verwüstungen an den Wasserpflanzen des Aquariums
anrichten, so verdienen sie doch aus dem letztgenannten nicht gänzlich ausge=
schlossen zu bleiben; denn sie sind kleine Baumeister von ebenso großer
Geschicklichkeit als eigensinniger Launenhaftigkeit in der Wahl ihrer Bau=
materialien. Aus den verschiedensten Stoffen errichten sie sich ein Gehäuse
in Form einer Röhre, indem ihnen Seidenstoff als Mörtel dient, und
schleppen dasselbe ebenso fortwährend mit sich, wie die Schnecken ihr Haus,
nur daß sie in ihm nicht festgewachsen sind wie diese. Auf dem Grunde

der Teiche, Sümpfe und größeren Gräben sieht man fast überall verschiedene Arten der Phryganeenlarven umherkriechen, indem sie bloß

Fig. 47.

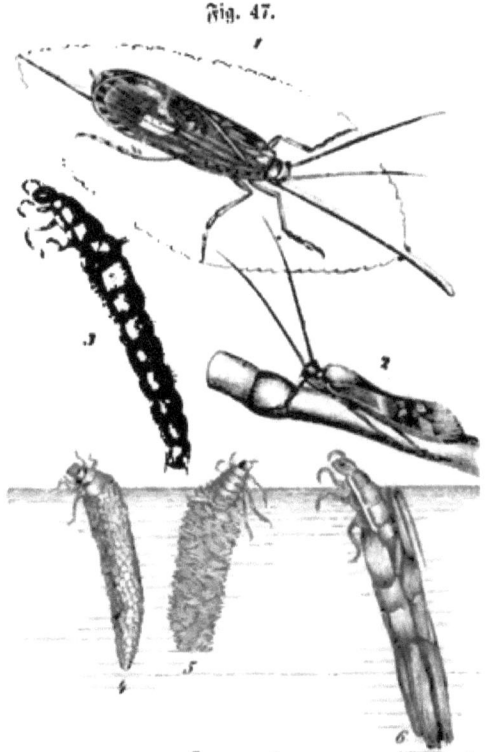

1. 2. Zwei Köcherjungfern. 3—6. Verschiedene Larven derselben. (nat. Gr.)

den Vorderleib mit den sechs Beinen aus dem Gehäuse hervorstecken und dasselbe nachschleppen. Es besteht bald aus kleinen Kieselsteinchen oder zierlich zusammengekitteten Glimmerblättchen oder Sandkörnern, bald aus Pflanzensamen, bald aus kleinen leeren Schneckengehäusen oder aus Stückchen faulen Holzes, bald auch ist es aus zurechtgeschnittenen Blattstückchen, welche spiralig an einander gefügt sind, erbaut, und zwar verwendet jede Art immer denselben Baustoff. Vor der Verpuppung wird das Ge-

häuje ganz geschlossen, und nachdem die Puppenruhe vorüber ist, durch-
bricht das vollkommene Insekt in einigermaßen schmetterlingsähnlicher
Form, aber düster und unscheinbar an Färbung, seinen Kerker, um sein
Luftleben zu beginnen. Figur 47 stellt einige Köcherjungfern mit ihren
Larven dar.

V. Aus den Klassen **der Spinnen** und **Krebsthiere** bieten sich
für das Aquarium mehre Arten dar. Besonders nenne ich

Den gemeinen Wasserfloh, Gammarus pulex (Fig. 48. 1, 2.) und
die Wasserassel, Asellus aquaticus (Fig. 48. 3.), welche fast in jedem

Fig. 48.

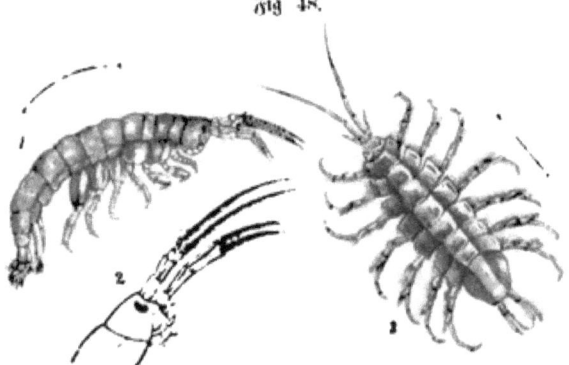

1. 2. Der gemeine Wasserfloh, Gammarus pulex. 3. Die Wasserassel, Asellus
aquaticus. (2/1)

Wassergraben zu finden sind. Obgleich beide noch nicht einen Zoll
lang werden, bringen sie doch viel Leben in das Aquarium, weil
sie immer im Wasser umherfahren, um nach ihrer Nahrung, kleinen
Wasserthierchen, zu suchen. Der Wasserfloh ist, wie auch die Wasserassel, mit hornigen Schienen bedeckt, seitlich breit zusammengedrückt
und nach der Bauchseite zusammengekrümmt, weshalb er sich nur auf
der Seite liegend fortbewegen kann, was sehr komisch aussieht. Unser
Flußkrebs (Astacus flaviatilis) zählt zu den unterhaltendsten Bewohnern
eines Aquariums, verlangt aber eine sorgfältige Beaufsichtigung des
letzteren, da ein einziger, welcher mit Tode abgeht, das Wasser tödtlich

vergiften kann. Bei reichlicher Fütterung, welche am Besten durch Fleischstückchen oder Muschelfleisch bewirkt wird, hält man seine räuberischen Gelüste ziemlich vollständig im Bann, und hat dann seine wahre Freude an der Beobachtung der Lebensäußerungen des allbekannten und doch so wenig gekannten Thieres.

Gelingt es, der sogenannten **Kiemenfüße, Branchipus paludum** und **Apus cancriformis**, welche beide über 1 Zoll lang sind, habhaft zu werden, so lernt man zwei der sonderbarsten Thiere kennen. Beide kommen nur in manchen Jahren vor, dann aber meist in ungeheurer Menge. Noch weniger als alle bisher genannten Insekten und krebsartigen Thiere braucht man die zunächst folgenden mühsam zu suchen; denn man wird ihrer fast unwillkürlich habhaft, wenn man bei der Jagd verfährt, wie weiter unten beschrieben werden soll. Ich meine damit einige Gattungen aus der Abtheilung der büschelfüßigen **Krebsthiere** oder **Lophyropoden, Cypris, Daphnia** und **Cyclops.** Die ersten beiden, höchstens eine Linie groß, vereinigen den vielgliedrigen Bau des Krebsthieres mit der Natur der Muschelthiere, indem sie in einer zweilappigen Muschelschale eingeschlossen sind, weshalb man sie auch Muschelkrebschen nennt. Die noch kleineren Cyclopen fahren zwar immer als weiße Körperchen ruckweise im Wasser umher, setzen sich aber auch oft auf der inneren Wand des Glases fest, wo man sie mit einer Lupe bequem betrachten und bemerken kann, daß die Weibchen am hintern Ende des Leibes äußerlich zwei große Eiersäcke herumschleppen, aus denen die Jungen nach und nach auskriechen.

Es wird meine Leser und Leserinnen vielleicht überrascht haben, daß ich auch die Spinnen, welche doch sonst so recht eigentliche Luftthiere sind, unter den Aquariumthieren nenne. Es giebt auch nur eine **Wasserspinne, Argyroneta aquatica,** welche, treu ihrem Luftleben, sich gewissermaßen ein Stückchen Atmosphäre mit in das Wasser hinunternimmt. Ihr ganzer Leib mit Ausnahme der darüber hinausragenden langen Beine, ist nämlich unter dem Wasser immer von einer kirschgroßen Luftblase umhüllt, so daß das Thier einer im Wasser herum-

fahrenden Silberkugel ähnlich sieht und, obgleich vollständig einge-
taucht, doch nie naß wird.

VI. Wir kommen zu der großen Abtheilung **der Weichthiere** oder
Mollusken, welche, so weit sie im süßen Wasser leben, gewöhnlich wenig
beachtet und gekannt sind, obgleich in Deutschland nicht viel weniger
Arten im Wasser als auf dem Lande leben.

Von den Muschelthieren, von denen einige Arten die Schalen für
unsere Malerkästen liefern und wenigstens dadurch allgemein bekannt
geworden sind, eignen sich zunächst die kleineren Arten **der Fluß-
muscheln, Unio,** in einigen wenigen Stücken zur Versetzung in das
Aquarium, namentlich **Unio batavus, crassus, pictorum** und **tumidus,**
welche in Flüssen und Bächen und großen Lachen überall vorkommen.
Sie spielen freilich bei der Belebung des Aquariums keine große
Rolle, da sie meist im Schlamme vergraben still sitzen, indem nur ihr
hinteres Ende hervorsteht, oder langsam wie der Zeiger der Uhr sich
im Schlamme vorwärts bewegen.

Die Teichmuscheln, Anodonta, von denen manche so groß werden,
daß, wenn sie eßbar wären, eine einzige ausreichen würde, um einen
Hungrigen zu sättigen, sind meist schon ihrer Größe wegen wegzulassen.
Da sie lebhafter zu sein scheinen, als die Unionen, so durchwühlen sie
zu sehr den Boden, und wenn eine stirbt, so verdirbt sie durch ihre
Fäulniß das ganze Wasser.

Für gewöhnlich gilt es den Naturforschern für kaum möglich,
Süßwassermuscheln in Wassergefäßen lange lebendig zu erhalten. Ich
habe aber in meinem Aquarium einige Anodonten und Unionen über
ein Jahr lang am Leben erhalten. Diese den Austern nahe verwandten
Thiere gewinnen besonders deshalb für das Aquarium ein Interesse,
als man an ihnen das sonderbar träumerige Stillleben dieser Thierklasse zum ersten Male zu beobachten Gelegenheit erhält.

Die Kreismuscheln, Cyclas. deren mehrere Arten in unseren Gewässern vorkommen, erreichen in der größten Art, **der Flußkreismuschel,
Cyclas rivicola.** (Fig. 49. 10.) höchstens die Größe einer Haselnuß.

meist blos die eines Kirschkerns. Gegen die sonstige Gewohnheit der
Muschelthiere, immer an das schlammige oder sandige Bett der Ge-

Fig. 49.

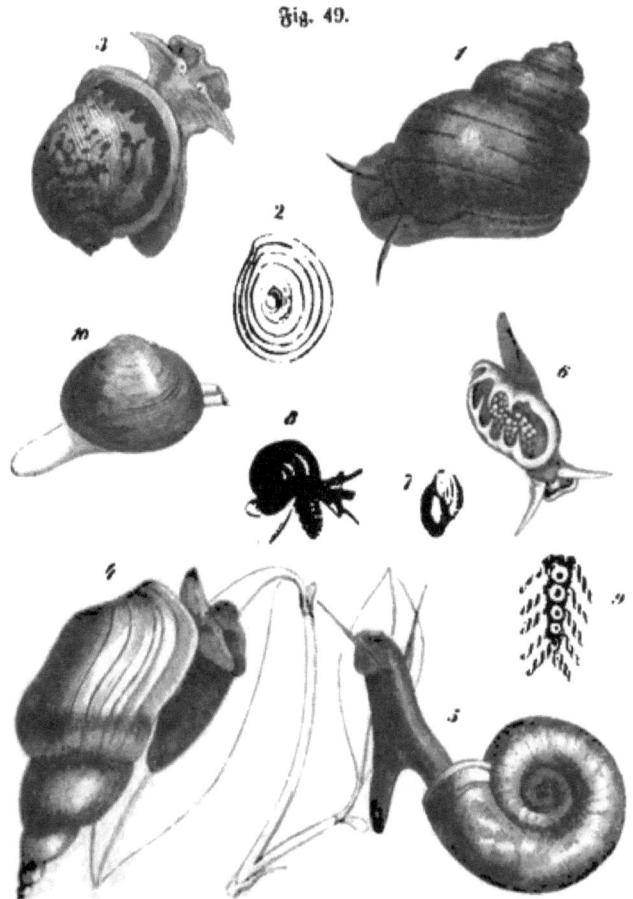

Weichthiere des Aquariums

wässer gefesselt zu sein, kriechen die Kreismuscheln, namentlich die
kleineren Arten, an Pflanzenstengeln und an der inneren Wand des
Aquariums empor.

Die **Wasserschnecken** bieten eine viel größere Zahl von Arten dar als die Muschelthiere, und keine ist so groß, daß sie nicht für das Aquarium sich eignete. Nicht blos durch ihre Gestalt, sondern auch durch die Neuheit ihrer Erscheinung (denn wer kümmert sich denn um diese Geschöpfe?) und durch mancherlei interessante Züge ihres Lebens bilden die Süßwasserschnecken einen ganz vorzüglichen Bestandtheil des Aquariums, wenn auch nicht verschwiegen werden kann, daß die pflanzen=fressenden von ihnen durch Beschädigung der Pflanzen lästig werden können.

Die meisten Wasserschnecken finden sich in Teichen, Lachen, Sümpfen und Gräben, in welchen viele Pflanzen wachsen, und nur in sehr hohen Gebirgslagen sind sie selten, fehlen aber auch da gewöhnlich nicht gänzlich.

Es würde eine zu lange Reihe werden, wenn ich alle Arten auf=führen und abbilden wollte: ich beschränke mich daher auf die wichti=geren Gattungen und auf eine Vertreterin jeder derselben.

Die **Schlammschnecken, Limnaeus**, kommen etwa in zehn Arten in Deutschland vor; unter ihnen ist **die große Schlammschnecke, Lim-naeus stagnalis** (Fig. 49. 4.), die größte. Ein Paar davon reichen aus; denn die Pflanzen müssen stark herhalten, um sie zu füttern.

Die Entwickelungsgeschichte der Schlammschnecken wie der meisten andern Wasserschnecken ist sehr eigenthümlich. Sie legen meist auf der Unterseite der auf dem Wasser schwimmenden Blätter, im Aqua-rium aber auch sehr oft an der Innenseite des Glases, ihre Laiche ab. Diese sind kristallhelle, meist wurmförmige Gallertklumpen, in denen man schon mit bloßen Augen die gelben Dotterkügelchen der Eier, aus denen der Laich zusammengesetzt ist, unterscheiden kann. Eine scharfe Lupe reicht aus, um in einem Laiche, welcher an einer zur Beo-bachtung passenden Stelle des Glases abgelegt ist, die Entwickelungs-geschichte der jungen Schnecken zu verfolgen. Man sieht, wie von Tage zu Tage das Dotterkügelchen sich vergrößert und unter fort=währender Axendrehung sich allmälig zum Thierchen mit der beginnen=den kleinen Schale entwickelt. Zuletzt verlassen die Jungen den Laich

und zerstreuen sich auf den Pflanzen des Aquariums, soweit sich dieselben unter dem Wasserspiegel befinden. Man wird sich wundern,
das schnelle Wachsthum der Schnecken zu bemerken, indem längstens
zwei Sommer dazu gehören, um aus dem senfkorngroßen neugeborenen
Thierchen die ausgewachsene Schnecke mit dem über 2 Zoll langen
Gehäuse werden zu lassen. Es gelangen jedoch, namentlich wenn man
einmal das Füttern der Fische vergißt, wenig junge Schnecken zur
vollkommnen Entwicklung, da sie von den Fischen gern gefressen werden.

Neben der großen Schlammschnecke kommen noch einige andere
Arten in unseren weichen Wassern vor, namentlich **L. palustris, L.
auricularius** (Fig. 49. 3) und **L. ovatus. Limnaeus pereger** ist in
Gebirgsgegenden die einzige größere Wasserschnecke, fehlt jedoch auch
in der Ebene nicht.

Der Sumpfschnecken, Paludina, giebt es zwei große einander sehr
ähnliche Arten, **P. vivipara** (Fig. 49. 1, 2) und **P. fasciata,** von denen
die erstere in großen und kleinen stehenden Gewässern, die letztere mehr
in Flüssen lebt. Die Sumpfschnecken werden meine Leser insofern
überraschen, als sie, wenn sie sich in das Gehäuse zurückgezogen haben,
jeden ungebetenen Besuch sich dadurch vom Leibe halten, daß sie mit
einer festen Thüre dasselbe verschließen. Es ist diese ein hornartiger
Deckel (Fig. 49. 2), welcher auf der Oberseite des hinteren ausstreck-
baren Theiles des Thieres fest gewachsen ist, und welcher stets genau
in den äußersten Umfang der Oeffnung paßt. Er wird daher von
dem Thiere gleichen Schrittes mit dem ganzen Gehäuse vergrößert,
wodurch die concentrischen Anwachsringe entstehen, welche unsere Figur
2 zeigt. Die Sumpfschnecken gebären lebendige Junge, und zwar sind
die neugebornen Schneckchen im Verhältniß zur Mutter ungewöhnlich
groß, bringen auch schon ein Gehäuse von vier Umgängen sammt dem
Deckel mit auf die Welt. Man kann die weiblichen von den männlichen Exemplaren dadurch leicht unterscheiden, daß die ersteren zwei
einander vollkommen gleiche, spitze, pfriemenförmige Fühlhörner haben
(wie Fig. 49. 1), während bei den Männchen das rechte Fühlhorn

viel kürzer, dicker und kolbig abgestumpft ist. Alle Sumpfschnecken
nähren sich mehr von thierischen Stoffen und sind daher im Aquarium den Pflanzen nicht schädlich.

In kleineren Gräben und Sümpfen, noch mehr verbreitet als die
beiden großen Sumpfschnecken, lebt eine dritte kleinere Deckelschnecke
(Bithynia tentaculata), welche von altersher den ihr gebührenden
Namen des **Thürhüters** trägt, weil sie bei der geringsten Störung
sich blitzschnell in ihr Gehäuse zurückzieht und dieses mit ihrem Deckel,
welcher jedoch nicht hornartig, sondern von fester Kalkmasse gebildet
ist, fest verschließt.

Nach einem anderen Bauplane sind die Gehäuse **der Tellerschnecken, Planorbis**, gebildet. Der hohle schraubenförmig aufgewun-
dene, an Weite immer mehr zunehmende Kegel, aus welchem ein ge-
wundenes Schneckengehäuse hergestellt, ist bei den Tellerschnecken,
ähnlich wie die Spiralfeder einer Taschenuhr, um einen Punkt in einer
Ebene aufgewunden; daher bietet ein Tellerschneckengehäuse von oben
oder unten und von der Seite gesehen zwei ganz verschiedene An-
sichten dar. Die große **Tellerschnecke, Pl. corneus**, (Fig. 49. 5) besteht aus wenigen an Weite sehr schnell zunehmenden Umgängen, dagegen eine andere Art, **Pl. vortex**, aus zahlreichen, niedergedrückten,
sehr langsam zunehmenden Umgängen, so daß das Gehäuse einem zierlichen flachen Knöpfchen gleicht. Die große Tellerschnecke könnte auch
den Namen der deutschen Purpurschnecke führen; denn das Thier son-
dert, wenn man es reizt, einige Tropfen eines trüben Purpursaftes
aus. Die Tellerschnecken legen ihre Eier in runden, flachen Laich-
klumpen ab.

Die **Blasenschnecken, Physa**, unterscheiden sich sehr leicht von
allen übrigen Wasserschnecken dadurch, daß ihr Gehäuse links gewun-
den ist. In Teichen und größeren Gräben lebt die eine unserer beiden gemeinen deutschen Arten, **Ph. fontinalis**, während die andere,
Ph. hypnorum, in kleinen Wiesengräben vorkommt. Die erstere hüllt

ihr ganzes Gehäuse in eine zerschlitzte Mantelhaut ein, welche das Thier aus der Mündung herausschlägt. (Fig. 49. 6, 7.)

Die Kammschnecken, Valvata, sind kleine Thiere mit theils planorbisartigen, theils mehr kugligen Gehäusen. Von den ersteren kommen zwar mehrere in Gräben und Teichen sehr häufig vor, sind aber zu klein, um zur Bevölkerung des Aquariums wesentlich beizutragen. Nur eine Art, V. piscinalis (Fig. 49. 8, 9), von der Größe eines kleinen Kirschkernes, ist groß genug für uns und verdient unsere Aufmerksamkeit durch ihr Athemorgan, welches ein zierliches Bäumchen darstellt, das bei der geringsten Störung vorsichtig zurückgezogen wird (9).

Die Kammschnecken sind Deckelschnecken und haben einen dünnen häutig knorpeligen Deckel, welcher aber auf andere Weise wächst als der der Sumpfschnecken. Er wird nämlich nicht ringsum an seinem ganzen Umfange vergrößert, sondern blos an der Seite, welche an der Spindelsäule des Gehäuses anliegt, wo immer ein kleines keilförmiges Stück angesetzt wird. Dies kann nur unter einer Voraussetzung geschehen, welche man kaum für zulässig halten sollte, daß nämlich der Deckel sich während des Wachsthums fortwährend um seine Axe dreht, trotzdem daß er auf dem Fuße des Thieres festgewachsen ist. Dadurch bekommt der Deckel nicht wie bei den Sumpfschnecken concentrische Anwachsringe, sondern man bemerkt auf demselben eine Spirallinie, durch das gleichzeitige Drehen und Vergrößertwerden bedingt. Wir haben hier einen der zahlreichen Fälle in der Bildungsgeschichte der organischen Wesen vor uns, welcher selbst an diesem Orte sein Interesse geltend machen darf und eine kurze Beschreibung verdiente.

Die Flußschwimmschnecke, Neritina fluviatilis, lebt nur in Flüssen und größeren Bächen, wo sie an Steinen, namentlich an deren Unterseite fest zu sitzen pflegt. Sie ist zwar klein, aber durch ihre lebhafte Färbung und durch ihren sonderbaren Deckel unserer Aufmerksamkeit werth. Der Deckel hat nämlich auf seiner Rückseite einen förmlichen Riegel, wodurch seine Einfügung in die halbkreisförmige Mündung besonders fest bewerkstelligt werden kann.

5*

Noch eine Menge anderer kleiner Wasserschnecken, meist mit sehr zierlichen Gehäusen, die hier unerwähnt geblieben sind, bemächtigen wir uns unwillkürlich mit, wenn wir in Gräben und Sümpfen und Teichen auf die Jagd gehen, welche ich nun beschreiben will. Nur bei den ganz großen Arten und überhaupt bei denen, welche wir namentlich bei warmem Sonnenschein oben auf dem Wasser schwimmend oder auf den Wasserpflanzen sitzend bemerken, haben wir nöthig, sie einzeln aufzunehmen. Bei dieser Jagd handelt es sich aber natürlich nicht blos um Schnecken und die kleinen Kreismuscheln, sondern überhaupt um eine Menge Thiere, von denen wir die meisten dabei zum erstenmale zu Gesicht bekommen werden, staunend über den Reichthum an thierischen Formen an diesen Orten. Ein für alle Mal hebe ich hier hervor, daß wir dabei keinem Thier begegnen werden, vor welchem wir uns zu scheuen oder gar zu fürchten Ursache hätten; nur die oben beschriebenen Wasserwanzen müssen wir ihres schmerzhaften Stiches wegen vorsichtig behandeln, was um so leichter ist, als sie durch ihr lebhaftes Umherkriechen sich sofort bemerklich machen und leicht beseitigt werden können. Auch die Blutegel, die wir oft unwillkürlich mit fangen, beißen nicht gleich an, und vor einem Frosche oder einer Unke zu erschrecken ist zu unnaturfreundlich, als daß ich es einem meiner Leser oder Leserinnen zutrauen möchte.

Wir brauchen zu dieser Wasserjagd ein nothwendiges Werkzeug. Es ist dies ein etwa ein Fuß tiefes, sackförmiges, aus festem grauen Zwirn gestricktes Filetnetz, welches an einen Reifen von starkem Draht fest genäht ist, und nicht größer zu sein braucht, als etwa 8—10 Zoll im Durchmesser. Um die Fäden, mit welchen der Sack an den Reifen befestigt ist, nicht durch das Aufstreifen auf dem Boden der Gewässer sich durchreiben zu lassen, überziehe man den Reifen sammt den Fäden mit einer dicken Lage von Gutta Percha, welche man in kochendem Wasser erweicht und aufträgt. Der Reifen hat einen etwa vier Zoll langen Stiel um damit das Netz an einen Stock befestigen zu können. Die Anwendung dieses Netzes ist eine doppelte. Um die

Thiere in Gräben und am Rande von nicht zu sumpfigen Lachen zu fangen, streift man mit dem Netze über den Boden derselben hin, indem man dem Ufer entlang hinschreitet, und liest von Zeit zu Zeit die gemachte Beute zwischen den mit aufgerafften Blättern, Steinchen u. dgl. aus. Die Beschaffenheit des Grundes der Gewässer giebt es schon an die Hand, wie man dabei zu verfahren hat. Eine unerwartet reiche Beute macht man namentlich in Wiesengräben, in denen viele Wasserpflanzen wachsen, wenn man das Netz fest auf dem Boden hinschleifen läßt. Die zweite Anwendung des Netzes besteht darin, aus dem fauligen Bodensatz der Sümpfe, Gräben und Teiche, welcher meist aus verwesenden Blättern und Holzstückchen besteht, die Thiere zu sondern. Es ist ein besonders günstiger Augenblick, wenn man im hohen Sommer einen Graben mit einem solchen Bodensatz beinahe ausgetrocknet findet, weil alsdann in diesem die verschiedenartigsten Thiere in Menge sich zusammengedrängt haben. Man thut ein paar Hände voll dieses Bodensatzes in das Netz und spült ihn darin in einem Gewässer aus, wobei die leichteren Blätter und andere fremdartige Dinge sich leicht oben abschöpfen lassen, während sich alle Thiere auf dem Boden des Netzes sammeln. Um auch die kleineren nicht zu verlieren, muß eben das Netz sehr dichtmaschig sein, so daß z. B. Wickenkörner nicht mehr hindurchfallen könnten.

Das was man erbeutet hat, nimmt man entweder in Gläsern, welche man mit Moos oder Gras locker verschließt, mit nach Hause, oder in gebundenen Schachteln — nicht in geleimten, weil diese aufweichen oder auseinandergehen würden. Auf dem Transport, selbst wenn er mehrere Stunden in Anspruch nimmt, thut man in den Gläsern (bei den Schachteln verbietet es sich von selbst) kein Wasser hinzu, weil dieses mit Thieren überhäuft und bei sehr warmem Wetter selbst in dieser kurzen Zeit verderben und viele Thiere tödten würde, sondern es reicht dazu die Feuchtigkeit aus, die man mit den Thieren selbst in die Gefäße gebracht hat. Besser noch als Gläser sind blecherne, mit einem Deckel verschließbare Gefäße, weil sich darin alles kühler erhält.

Wir kommen unten beim Einsammeln der zu dem Aquarium nöthigen Thiere und Pflanzen noch einmal auf den Transport zurück.

VII. An die Weichthiere schließt sich zunächst die Klasse **der Fische** an. Streng genommen verdienen alle Fische des Süßwassers Aufnahme in das Aquarium, die Raubfische wie diejenigen, welche sich neben wirbellosen Thieren von Pflanzenstoffen ernähren; es verbietet sich jedoch bei vielen von selbst, sie zu halten, und ist eine sorgsame Auswahl unter den bei uns ziemlich reichhaltigen Flußfischen geboten. Die durch Pflanzen bewirkte Reinigung des Wassers, bezüglich die zum Athmen der Fische nöthige Beschaffung von Sauerstoff, erweist sich einzelnen Arten, z. B. allen Forellen, Lachsen, Renken, Maränen ꝛc. gegenüber als unzureichend; die Raubsucht und Gefräßigkeit anderer Fische gefährdet den übrigen Thierbestand eines kleineren Aquariums in unerwünschter Weise: es handelt sich also darum, solche Arten zu wählen, welche auch in sauerstoffarmen Wasser aushalten, wenig raubgierig sind und leicht ernährt werden können. Demungeachtet empfiehlt es sich, zuweilen auch echte Raubfische, als da sind Hechte, Barsche, Groppen, Quappen und dergleichen, in das Aquarium zu setzen, um sie zu studiren; nur darf man dabei nie vergessen, daß sie binnen Kurzem die Alleinherrscher im Kleinstaate sein werden. Am geeignetsten erweisen sich die zahlreichen Arten der Karpfenfamilie, weil sie sich mit pflanzlicher Nahrung und einigen Ameisenpuppen begnügen; die meiste Unterhaltung gewähren jedoch andere, echte Räuber, welche keinem Aquarium fehlen dürfen: die **Stichlinge**, und sie sind es daher, denen wir unter den Erwählten die erste Stelle anweisen.

In unseren Süßgewässern kommen zwei Arten fast allerwärts und häufig vor: der **Stechbüttel** oder **gemeine Stichling, Gasterosteus aculeatus** (Fig. 51. 1) ein Fischchen von 3 Zoll Länge, oben grünlich- oder schwarzblauer, seitlich und unten silberner, in der Kehlgegend röthlicher Färbung, und drei Rückenstacheln, sowie der **Zwergstichling, kleine, zehnstachlige Stichling**, Gasterosteus pungitius, (Fig. 51. 2) 2½ Zoll lang, oben grünlich, unten silbern gefärbt, mit neun bis elf

Rückenstacheln. Beide Arten bewohnen seichte Stellen im Meere und ebenso in süßen, wenig reißenden Flüssen und Bächen, vermehren sich hier oder in Teichen und Seen oft in's Unglaubliche, sind leicht zu beschaffen, lassen sich bei reichlicher Fütterung mit allerlei Kleingethier des Süßwassers, Ameisenpuppen, Mehlwürmern, Fliegen, Motten, Raupen, Fleisch- oder Muschelfleischbissen unschwer erhalten und ergötzen den Beobachter aufs Höchste. Im Frühjahr wählt sich, bald nach dem Einsetzen in's Becken jedes Männchen einen festen Stand, vertreibt aus der Nähe desselben den Nebenbuhler, kämpft mit ihm auf Leben und Tod und beginnt gleichzeitig mit dem Bau eines ebenso

Fig. 50.

Stichlinge.

1. Der Stechbüttel, Gasterosteus aculeatus. 2. Der Zwergstichling, Gasterosteus pungitius. Nat. Gr.

zierlichen als kunstvollen Nestchen, welches es aus seinen Pflanzenfasern errichtet. Ist dasselbe vollendet, so zieht es mit Güte oder Gewalt Weibchen herbei, bewegt sie, die Eier in das Nest abzulegen, befruchtet letztere, bebrütet sie, indem es über ihnen stehend einen leisen Strom erzeugt und so frisches, luft-, bezüglich sauerstoffhaltiges Wasser herbeiführt, bewacht und vertheidigt sie gegen jeden Feind, beschäftigt sich überhaupt mit ihnen, so lange es erforderlich. Wie viele und reiche Freuden die Beobachtung solcher Thiere dem Beschauer gewährt, braucht oder kann nicht gesagt werden: Stichlinge sind unzweifelhaft die anziehendsten aller für das Aquarium geeigneten Fische.

Abgesehen vom **Goldfisch**, Carassius auratus, dem einzigen Mit=
gliede der artenreichen Karpfenfamilie, welches seit Jahrhunderten ge=
fangen gehalten wird, empfehlen sich die nachstehend verzeichneten An=
gehörigen gedachter Familie vor anderen:

1. Der Bitterling, Rhodeus amarus, (Fig. 52. 1) 2 bis 2½
Zoll lang, außer der Laichzeit oben graugrün, seitlich schimmernd silber=
weiß gefärbt, mit grünen glänzenden Längsstreifen und blaßröthlichen
Flossen, während der Laichzeit (der Milchener) in einem prachtvollen,
durch Worte nicht zu beschreibenden, in allen Regenbogenfarben schil=
lernden Kleide prangend. Dieses ebenso zierlich gebaute als farben=
schöne, lebhafte Fischchen, unter unseren Karpfen das kleinste Mitglied,
bewohnt reine Bäche und Flüsse Mitteleuropas, insbesondere den Ge=
bieten des Rhein, der Donau, der Elbe angehörige, hält sich an ruhig=
strömenden Stellen auf, ernährt sich von feinen Pflanzenstoffen, legt
Anfangs April oder früher sein Hochzeitskleid an und laicht Mitte
oder Ende des gedachten Monats. Der Bitterling läßt sich unschwer
fangen, leicht versenden und ohne Mühe lange Zeit im Aquarium
erhalten.

2. Die Elrize, Milling, Erling, Pfrille, Piere, Wettling ꝛc.,
Phoxinus laevis, (Fig. 51. 2) ebenfalls einer unserer kleinsten und
dazu einer der verbreitetsten Süßwasserfische wird 3 bis höchstens 5
Zoll lang und ist oben bald ölgrau, bald grau gefärbt, mit dunklen
Flecken gedeckt und gezeichnet; zeigt auf der Rückenkante einen schwarzen
Streifen, auf den grüngelben Seiten metallischen Schimmer, karmin=
rothe Mundwinkel, schwarze Kehle, scharlachrothe Brust, einen goldigen
Längsstreifen zu jeder Seite und hat blaßgelbe, theilweise rothe Flossen.
Sie bewohnt klare Flüsse und Bäche in großer Anzahl, frißt Pflanzen=
stoffe und Kerbthiere, wandert im Mai massenhaft stromaufwärts, um
zu laichen, ist munter, rege, und hält sich bei einiger Pflege jahrelang
in jeder Art von Aquarien.

Fig. 61.

Karpfen.

1. Bitterling, Rhodeus amarus. 2. Elrize, Phoxinus laevis. 3. Laube, Alburnus lucidus. 4. Plötze, Leuciscus rutilus. 1 u. 2 nat. Gr. 3 u. 4 verkleinert.

3. Die Laube, Silberling, Uckelei, Postknecht, Alburnus lucidus, (Fig. 51. 3) ist 4 bis 7 Zoll lang, oben stahlblau, seitlich silberglänzend und hat grauliche Ober- gelbliche Unterflossen. Sie lebt in allen deutschen Flüssen, meist in sehr großen Schaaren, wandert, um zu laichen, im Mai und Juni stromaufwärts und nährt sich von allerlei Kleingethier. Aus ihren zerstoßenen Schuppen bereitet man die Essence d'Orient, welche zum inneren Belege der falschen Perlen dient.

4. Die Plötze, der Schwall, Furn ꝛc., Leuciscus rutilus (Fig. 51. 4), neben dem ihm engverwandten, ihm in jeder Hinsicht ähnelnden Rothauge, Rothfeder, Rothflosser ꝛc., Scardinius erytrophthalmus, einer unserer gemeinsten Süßwasserfische, eignet sich nur so lange sie jung und klein für jedes Aquarium. Die Oberseite ist blau- oder grünschwarz, die Seite silbern, das Auge lichtroth gefärbt; die Flossen sehen prächtig roth aus. An Länge erreichen beide Fische bis 10 oder 12 Zoll. Sie bewohnen fließende und stehende Gewässer in Menge, lassen sich daher überall mit Leichtigkeit erwerben.

Neben den genannten Arten der Familie empfehlen sich noch mehrere andere, so die Barben, die Brachsen, als da sind, Blei, Zärthe, Pleinzen ꝛc., die Güster oder Blicken, die Sichlinge u. s. w. für das Aquarium, freilich nur, so lange sie jung und klein, also im rechten Verhältnisse zur Größe des Beckens stehen. Hat man Verbindungen mit Oberschlesien, so bestelle man sich von dort die sogenannte Goldschleihe, eine farbenprächtige Spielart der gemeinen Teichschleihe; kann man es haben, so versehe man sich von Wien oder Schwaben aus mit der Orfe, einer Spielart des Nerfling oder Aland, welche an Farbenschönheit hinter dem Goldfisch nicht zurücksteht. Letzteren bezieht man gegenwärtig in allen größeren Städten zu verhältnißmäßig geringen Preisen.

Alle Karpfenarten ernährt man mit Brodsamen, gestoßenem Zwieback, Ameiseneiern und kleinen Kerbthieren und erhält sie um so eher und sicherer am Leben, als sie in einem gut mit Pflanzen bestandenen Aquarium jederzeit etwas für sie Genießbares finden.

Nicht minder empfehlenswerth, in gewisser Hinsicht noch einer Bevorzugung würdig, sind die Grundeln oder Schmerlen, in Deutsch-

laub vertreten durch drei Arten: **Schlammbeißer, Schmerle** und **Stein=
beißer,** auch fast allerwärts leicht zu erbeuten oder doch zu erwerben.
Rücksichtlich ihrer Anspruchslosigkeit bezüglich des Wassers, in welchem
sie leben oder leben müssen, übertreffen sie alle übrigen deutschen Süß=
wasserfische: sie sind nämlich im Stande durch Magen und Darm zu
athmen, d. h. Luft außerhalb des Wassers aufzunehmen und durch
den Darmschlauch zu pressen, wodurch sie sich den nöthigen Sauerstoff
zur Reinigung ihres Blutes verschaffen. Zur Ernährung bedürfen sie
neben pflanzlichen thierische Stoffe, namentlich kleine Kerbthiere verschiede=
ner Art, zu behaglichen Schlupfwinkeln kleine Höhlungen unter Steinen.

Der **Schlammbeißer,** Schlammpitzger, Scheck, Wetterfisch, Bio=
gurre, Meergrundel ꝛc., Cobitis fossilis, (Fig. 52. 1) gegen einen
Fuß lang, ist oben auf schwärzlichem Grunde mit fünf gelben oder
braunen Längsstreifen gezeichnet, der lichte Bauch getüpfelt. Den
Mund umgeben zehn Bärteln.

Flüsse und Seen mit schlammigem Grunde geben dem Schlamm=
beißer Herberge, auch solche, welche zuweilen austrocknen und ihn
zwingen, zeitweilig im Schlamme sich zu verbergen, hier gewissermaßen
Winterschlaf zu halten, sich mindestens der Darmathmung zu bedienen.
Den Namen „Wetterfisch" verdient er insofern, als er vor Gewitter
unruhig wird, in die Höhe steigt und ängstlich nach Luft schnappt.
Dieses Gebahren macht ihn für das Aquarium besonders interessant.
Er laicht im April und Mai. Die Gefangenschaft verträgt er besser
als alle Verwandten: ihm genügt das engste Becken, ihm verursacht
bereits verdorbenes Wasser noch keine Beschwerde.

Die **Schmerle,** Bartgrundel, Zirle, Gäse, Mös, Cobitis barba=
tula (Fig. 52. 2), wird 3—4, höchstens 5 Zoll lang, ist oben dunkel=
grün, seitlich geblich, unten hellgrau gefärbt, mit unregelmäßigen Punkten,
Flecken und Streifen höchst zierlich gezeichnet und trägt am Munde
sechs Bärteln.

Sie bewohnt häufig reinere Bäche, Flüsse und Teiche mit san=
digem und steinigem Grunde, versteckt sich hier über Tages unter und

zwischen dem Gestein, geht gegen Abend oder bei trübem Wetter auf Raub aus, schwimmt höchst zierlich, ist überhaupt ein allerliebstes Geschöpf, verlangt im Aquarium aber reines Wasser und gute Nah-

Fig. 52.

Grundeln.

1. Schlammbeißer, Cobitis fossilis, (verkleinert). 2. Schmerle, Cobitis barbatula, 3. Steinbeißer, Cobitis taenia, (beide nat. Gr.).

rung (Ameiseneier, kleine Mehlwürmer ꝛc.) weil sie sehr hinfällig ist.

Ihr ähnelt fast in allen Stücken der **Steinbeißer**, Steinpitzger die Steinschmerle, Thongrundel ꝛc., Cobitis taenia (Fig. 52. 3), etwa 4 Zoll lang, oben auf orangengelbem Grunde mit reihig geordneten,

rundlichen, schwarzen Flecken ungemein zierlich gezeichnet, unten unge-
fleckt, mit sechs Bärteln am Munde.

Er bewohnt die Flüsse, Bäche und Seen des größten Theiles
von Europa, verbirgt sich, wie die Schmerle unter Steinen u. dergl.,
nährt sich vorzugsweise von Kleingethier und laicht im April und Mai.

Jede Gegend unseres Vaterlandes bietet dem Liebhaber außer
den hier namentlich aufgeführten Fischen noch andere, welche aus diesem
oder jenem Grunde Aufnahme ins Aquarium verdienen; die Auswahl
der Arten aber bleibt am Besten dem Geschmack des Einzelnen
überlassen. Wer gelernt hat, einen Goldfisch oder Stichling zu pflegen,
wird auch im Stande sein, den meisten übrigen gerecht zu werden.

VIII. Die **Amphibien,** oder um sie Deutsch zu benennen, **die
Lurche,** erfreuen sich zwar unserer Gunst durchaus nicht; jedoch habe
ich mich schon vielfältig überzeugt, daß die Scheu, ja Furcht vor den-
selben, in kurzer Zeit mindestens einem noch etwas widerstrebenden
Dulden, oft auch einem wirklichen Wohlgefallen an ihnen, selbst bei
Damen, gewichen ist. Vor Allem habe ich zu versichern, daß es kein
einziges giftiges oder sonst wie unsrer geheiligten Person gefährliches
Thier in dieser verabscheuten Klasse giebt.

Die Lurche sind in sofern besonderer Theilnahme werth, indem
sie die einzigen Wirbelthiere sind, welche eine Art von Verwandlung
haben. So bilden sie gewissermaßen ein Bindeglied zwischen den
Kriechthieren und den Fischen. Daß dabei außer der ganzen Gestalt
namentlich die Athemwerkzeuge eine Rolle spielen, ist bekannt, soll wenigstens hier nicht auseinandergesetzt werden.

Kröten und **Molche** — welch grausenhafte Namen! und doch
halte ich beide für unvermeidliche Gäste des Aquariums. Die Frösche,
welche man sich wahrscheinlich noch eher gefallen lassen würde, eignen
sich weniger. Nur drei, allenfalls vier Arten kommen in Betracht.
Zunächst **die Unke** oder **Feuerkröte,** Bombinator igneus, (Fig. 53.
1 u. 2) die melancholische Seufzerin der Sümpfe. Sie schwitzt aus
den Warzen ihres Rückens nicht einmal den ätzenden Saft aus, welcher

bei den Laubkröten, und zwar auch ohne sonderlichen Grund, gefürchtet
wird. Sie ist ein harmloses Thierchen. Ihr ungewohnter Anblick
söhnt bald mit sich aus. Ist es aber wohl eine so große Schande
für die Leute, wie die Naturforscher meinen, daß sie sich vor einem
so unschuldigen Thierchen fürchten? Werden wir uns einmal des
Grundes dieser Scheu etwas bewußt, um sie dann sicher los zu werden. Hat nicht ohnehin der sprichwörtlich gewordene „Unkenruf" etwas
Grausliches? Warum? Weil es der einzige Naturlaut dieser Art ist,
weil er aus dem „unsaubern Pfuhle" meist bei „nächtlicher Weile"
ertönt und — die Hauptsache! — weil Niemand das Thier sieht,
von dem der Ruf herrührt. Ich sage nicht zu viel, wenn ich be-
haupte, daß von hundert Städtern nicht zehn eine Unke gesehen haben.
Dazu kommen die verschiedenen geheimnißvollen Deutungen, welche
man dem Unkenrufe unterlegt. „Unk! Unk! Unk! hätt' ich mir 'nen
Mann genommen, wär' ich nicht in' Teich gekommen!" — so übersetzt
sich der Unkenruf an vielen Orten Deutschlands bei — Betheiligten
und Unbetheiligten und — so groß ist die Macht des Ungekannten,
Abenteuerlichen — nicht ganz ohne ein leises Erbeben derjenigen Ner-
ven, welche das so fördersame Geschäft des Glaubens besorgen. Freilich lacht Jeder gleich hinterdrein über dieses Erbeben, aber es war
doch da. Und ich meinerseits möchte solche Schauer nicht verdammen,
wenn sie nur von aufklärendem Wissen bewacht sind. Sie gehören
zum Naturgenuß und wenn sie einmal nachzitternd unser Inneres
durchzogen haben, so ist es wie eine gewitterartige Luftreinigung, nach
welcher dann das Himmelsblau des durchdringenden Erkennens heller
leuchtet.

Während ich diese Worte schreibe, schaut eine Unke meines Aquariums gar ehrbar und voll Selbstgefühl mich an, als hätte sie mich
verstanden und in meinen Worten eine Ehrenrettung ihrer verkannten
Person gefunden. Ständen jetzt diejenigen meiner Leser und namentlich meiner zaghaften Leserinnen, denen die Unke noch eine unbekannte
Größe ist, neben mir, sie würden anstatt sich zu scheuen, über das

Unkengesicht lachen, wie es aus einer dunkeln Höhle des Aquarium-Chimborasso altklug und ernst hervorlugt und, an mein Menschenge-

Fig. 68.

1. 2. Die Unke oder Feuerkröte, Bombinator igneus: — 3. Der Kamm-Molch, Triton cristatus, Männchen: — 4. 5. Der Feuermolch, Tr. igneus, Weibchen und Männchen. Alle nat. Gr.

sicht bereits auch gewöhnt, ruhig auf ihrem grünen Thronsessel von

Hornblattranken sitzen bleibt, obgleich ich meine Hand gegen sie be=
wege. Die Figuren 1 und 2 zeigen die Unke von der Rücken= und
Bauchseite, und auf letzterer sind die feuerrothen oder prachtvoll
orangegelben Flecken angedeutet, welche dem Thiere den Namen der
Feuerkröte verschafft haben, ein Name, welcher freilich in wunderfüch-
tigen Köpfen einen ähnlichen Sinn haben mag, wie Feuersalamander,
welcher feuerfest sein soll, was er eben so wenig ist, wie wir Menschenkinder.

Vom ersten Frühjahr an bis Juni kann man leicht in Gräben
und Sümpfen die Laiche und die Larven (Kaulquappen) von Fröschen
und Kröten bekommen, und sie müssen aus mehr als einem Grunde
berücksichtigt werden. Erstens dienen sie den Fischen und Molchen
zur Nahrung, und dann verschaffen uns zweitens diejenigen Larven,
welche den Nachstellungen entgehen, Gelegenheit, die wunderbare Verwandlung dieser Thiere kennen zu lernen. Diese scheint in den Aquarien darin eine Störung zu erleiden, daß sie verlangsamt wird, indem
die Vorderbeine langsamer frei werden und die jungen Thiere ge
wissermaßen ihren Fischschwanz schwerer los werden können, vielleicht
weil der beschränkte Raum ihren Bewegungen nicht hinlängliche Frei-
heit gewährt.

Zwei andere Lurche, welche ich aller Scheu zum Trotz für das
Aquarium empfehle, sind zwei **Molche,** nämlich **der Kamm=Molch,
Triton cristatus** (Fig. 50. 3), und **der Feuer=Molch, Tr.** igneus (4,
5). Die Männchen aller Molcharten haben den Rücken und Schwanz
entlang einen lappigen oder gesägten Hautkamm (3, 4), der den Weib
chen fehlt. Beide Arten, an vielen Orten auch noch eine dritte, **der
gestreifte Molch, Tr.** taeniatus. sind in den Sümpfen und schlammigen
Gräben von fast ganz Europa sehr häufig, leicht zu finden, jedoch
nur etwa bis in den Juli. Dann verlassen sie das Wasser und verbergen sich an feuchten Orten am Erdboden, in Mauerritzen, Fels-
spalten u. s. w. Sie fühlen sich daher im Aquarium auf die Dauer
nur dann behaglich, wenn sie einen großen lückigen, über den Wasserspiegel hinaustretenden Felsen haben, in dessen Schlupfwinkeln sie sich

im Sommer verbergen und dann meist erbärmlich abgehungert aus
sehen, trotzdem, daß in ihrer Nähe im Wasser Speise und Trank vorhanden ist. Wer die Molche häßliche, abscheuliche, vielleicht gar grauen-
erregende Thiere nennt: ich wette, er wird sie nach kurzer Zeit schön
finden; denn die Zierlichkeit ihrer Bewegungen, die Schönheit ihrer
Zeichnung und ihre Harmlosigkeit werden ihn dazu zwingen. Im
Juli finden sich in den Gräben und Sümpfen die Larven der Molche,
welche am Halse äußerlich anhängende federförmige Kiemen haben.
Sie sind sehr zart und daher schwer zu transportiren.

Hierher gehört auch der in felsigen feuchten Bergwaldungen häu-
fige **gefleckte Salamander, Salamandra maculata**, welcher eigentlich
als stiller Beobachter auf den Gipfel des Aquariums-Felsens gehört,
von dem er nicht leicht in das Wasser herabsteigt.

IX. Eher als mit den Lurchen wird sich der angehende Liebhaber mit einzelnen **Kriechthieren** oder **Reptilien** befreunden können,
insbesondere mit denen, welche sich zur Besetzung des Aquariums
eignen. Zwar giebt es unter den vier Hauptordnungen dieser (mit
Fug und Recht von den Lurchen getrennten) Wirbelthiere, unter Schildkröten, Panzerechsen, Echsen und Schlangen wasserliebende Arten, in-
dessen lassen sich doch nur wenige derselben für kleinere Aquarien empfehlen.

Obenan stellen wir die **Sumpfschildkröten** (Emys). Diese sehr
artenreiche Gruppe wird, wie wohl nicht allen unserer Leser bekannt,
auch in Deutschland durch eine Art, die **Teichschildkröte**, (Emys eu-
ropaea), in Europa überhaupt durch drei Arten vertreten, tritt jedoch
in anderen Erdtheilen, zumal in Amerika, in ungleich größerer
Mannigfaltigkeit auf. Während es unter Umständen schwer halten
kann, die Teichschildkröte, welche den Süden und Osten Deutschlands
bewohnt, zu erlangen, ist man im Stande, von den weit bunteren
amerikanischen Arten so viele zu kaufen, als man will, da jeder Thier-
händler, namentlich C. Hagenbeck in Hamburg derartige Waare stets
auf Lager hält und zu 10—15 Groschen für das Stück losschlägt.

Für die Kelch= und Kastenaquarien bestellt man sich am besten Exemplare von der Größe eines Doppelthalers, um dem Verhältnisse zwischen Raum und Thier gerecht zu werden und die Fische des Aquariums nicht zu gefährden, sorgt für ein vom Wasser aus leicht zugängliches Sitzplätzchen auf dem Felsen, und tischt dem allerliebsten Gefangenen zunächst Mehl= und kleine Regenwürmer auf. Frißt er nicht ohne Beihülfe des Pflegers, so wird er mit feinen Fleischstückchen gestopft, bis er sich zu freiwilligem Zulangen bequemt; thut er Dies einmal, so hat man gewonnenes Spiel. Er beweist damit, daß er sich mit den neuen Verhältnissen ausgesöhnt hat und mit dem Pfleger in ein freundschaftliches Verhältniß treten will, lernt diesen auch bald lieben und nimmt ihm nach geraumer Zeit das vorgehaltene Futter aus der Hand. Eine insoweit gezähmte Schildkröte ist einer der harmlosesten und anmuthigsten Bewohner des Aquariums: aber ein Raubthier ist und bleibt sie doch, welches, wenn es größer wird, die Fische anfällt und umbringt. Dies hat man zu beachten; im Uebrigen genügt die Sumpfschildkröte allen Anforderungen, welche der Thier= freund an ein Kriechthier stellen kann.

Will man weiter gehen, so kann man sich bis zu einem **Kroko= dilchen** versteigen. Ein solches macht allerdings schon mehr Ansprüche an's Leben: das Behälter muß entsprechend groß sein, Fütterung und Zähmung verlangen einige Uebung, der Nahrungsbedarf ist nicht ganz unbedeutend 2c.; dafür sind aber auch die zu gewinnenden Freuden größer. Mit anderen Kriechthieren theilt das Krokodil, jung, wirklich eines der zierlichsten Geschöpfe, die Anspruchslosigkeit und Zählebigkeit, mit jenen sowie mit Lurchen und Fischen die Tugend, sich zähmen zu lassen. Das geht zwar nicht bis zum Apportiren und Springen, aber doch so weit, daß sie ihren Freund oder ihre Freundin kennen lernen und vor ihnen bald ihre Scheu ablegen. Wenn man diese Thiere zu regelmäßigen Zeiten füttert, und dabei dicht am Aquarium mit einer Schelle oder einem angeschlagenen Weinglase immer den= selben Ton hören läßt, lernen sie bald auf diesen Ruf herbei=

kommen. Die Chinesen rufen mit dem Tam-Tam ihre Goldfische zur Fütterung aus allen Winkeln des Beckens herbei.

10.
Behälter zu einem Aquarium.

Trotz des allgemeinen Beifalls, welchen das Süßwasser-Aquarium weit und breit in Deutschland gefunden hat, ist man doch noch fast überall in Verlegenheit, die nöthigen Behälter dazu schnell zu bekommen, da weder die Glashütten sich diesem gewiß nicht uneinträglichen Fabrikationszweige ausreichend gewidmet haben, noch auch die Kasten-Aquarien irgendwo fabrikmäßig hergestellt werden. Allerdings findet man gegenwärtig bei allen Thierhändlern, insbesondere bei denen Berlins, fertig gestellte Aquarien; dieselben leiden jedoch an zwei Uebelständen: sie sind unschön und unverhältnißmäßig theuer, vielleicht auch deshalb noch, weil die Nachfrage noch immer eine sehr schwache ist.

Die einfachste und wohlfeilste Beschaffung eines Kelch-Aquariums vermitteln die fast überall leicht zu habenden sogenannten Ballons, in welchem die Schwefelsäure versendet wird. Sie sind zwar meist grün, jedoch finden sich nicht ganz selten auch rein weiße darunter. Ein Glaser kann sie leicht in der Mitte wagerecht durchschneiden oder durch Sprengen theilen, wobei selbst die obere umgekehrte Hälfte zu einem Aquarium dienen kann, wenn man den engen Hals fest zustopft, und in eine flache Unterlage einläßt und befestigt. Neuerdings erhält man übrigens durch Vermittlung jeder Glashandlung, namentlich durch das Haus Warmbrunn, Quilitz & Co. in Berlin Kelchaquarien von entsprechender Größe und beliebiger Form zu mäßigen Preisen.

Je weniger und gleichmäßiger die Wand des Glaskelches gekrümmt ist, desto weniger werden die Gestalten der in demselben unter Wasser befindlichen Pflanzen und Thiere durch die Brechung des Lichtes verändert.

Kasten-Aquarien verdienen offenbar den Vorzug vor allen Kelch-Aquarien. Das Gerüst des ersteren muß auf sechs oder acht quadratische starke Glastafeln von etwa 15 par. Zoll ins Geviert berechnet sein, wodurch man schon einen ansehnlichen Rauminhalt bekommt. Das eiserne Sparrwerk, oben in einen Rahmen vereinigt, muß Falze und Backen zum Einschieben und nachherigen Festkitten der Glastafeln haben. Zum Einkitten dürfte ein Brei von Gips, Mennige und dünnem Quark sich am besten eignen. Die Tafeln müssen senkrecht gestellt werden, um den größten Bodenraum, eine bequeme Ansicht von der Seite und einen ganz gleichmäßigen Druck des Wassers auf die Glastafeln zu erzielen. Wer nicht zu sparen braucht, darf nicht unterlassen, in dem Kelch- wie in dem Kasten-Aquarium einen kleinen Springbrunnen anzubringen. Der Wasserbehälter dazu kann entweder in einer oberen Zimmerecke oder außerhalb des Zimmers angebracht werden. Gutta-Percha- und Kautschuk-Schläuche erleichtern die Herstellung, welche ich übrigens der Erfindungsgabe des gewöhnlichen Handwerkers überlassen kann.

Der Boden des Kastens darf jedenfalls nicht das nackte Eisen behalten, sondern das ganze Gefäß muß entweder verzinnt oder mit sonst einem Ueberzuge versehen werden, um die Auflösung des Eisens im Wasser zu verhüten. Am zweckmäßigsten ist es, den Boden des Kastens mit einer dünnen Cementschicht zu bedecken, nachdem die Glastafeln eingekittet sind, wodurch zugleich die unteren Fugen der letzteren um so dichter schließen.

Vorstehendem füge ich noch einige Bemerkungen über den Tisch zu dem Kelch- oder Kasten-Aquarium hinzu.

Daß derselbe nicht vier sondern drei Füße haben müsse, versteht sich von selbst, da nur ein dreifüßiger Tisch auf jeder Ebene feststehen kann. Eben so sollte er immer mit Rollen versehen sein, um die bedeutende Last eines gefüllten Aquariums wenigstens an eine andere Stelle des Zimmers rücken zu können.

Die Fläche, auf welche das Glasgefäß des Kelch-Aquariums zu stehen kommt, muß eben und ohne Hervorragungen sein, damit das doch höchstens 2—3 Linien dicke Glas nicht durch einen ungleichmäßigen Druck der Gefahr des Zerspringens ausgesetzt werde. Ich habe zu dem Ende mit gutem Erfolg auf die Tischplatte zunächst eine Lage von 10—12 Bogen grauen (wollenen) Fließpapieres gelegt, worauf das Glas gleichmäßig und weich anruht. Eine Filzscheibe von der Größe der Aufstandsfläche ist noch besser.

Um das Glas auf der Tischplatte herumdrehen zu können, ohne den Tisch selbst drehen zu müssen, ist eine geeignete Vorrichtung sehr anzurathen. Ohne Zweifel entspricht es dem Zwecke, wenn man auf die runde Tischplatte eine zweite von hartem Holze legt und zwischen beide eine Schicht Schrotkörner bringt, welche ein Drehen beider Platten erleichtert. Ein erhöhter Rand der Tischplatte verhütet das Herunterfallen des Schrotes. Die Tischplatte muß rings um das Glas des Kelch-Aquariums einen etwa handbreiten freien Raum lassen, den man mit Moos ausfüllt.

Will man noch weiter gehen, so kann man einen Tuffstein-Kranz mit Moos- und kleinen Gewächsen, namentlich Selaginellen, bepflanzt um des Glases untern Rand anbringen. Dann muß man auf die Drehscheibe der eben beschriebenen Art einen flachen Kasten aus Zinkblech mit dem auf Filz oder einer Papierschicht ruhenden Glase stellen, um durch etwa ½ Zoll hoch hineingegossenes Wasser diese Steine feucht zu halten, damit die Pflänzchen darauf gedeihen können. Den Rand des Zinkkastens muß man dann bis zum Rande der Tischplatte immer noch mit Moos verstecken.

Doch Dies fällt bereits in das Gebiet der verschönernden Zugaben, welche ich eigentlich unberücksichtigt lassen wollte. Geld und Phantasie können sich hier noch weit ergehen.

Die bis jetzt am meisten angewendeten Tische von Korbgeflecht müssen für die Last des Glases schon eine bedeutende Haltbarkeit besitzen und eigens auf ein Gewicht von wenigstens zwei Centnern berechnet sein. — Man hüte sich, aus Ungebuld einen gewöhnlichen Blumentisch zu nehmen.

Für Diejenigen, denen es an Zeit und Lust gebricht, sich das Aquarium selbst auf- und auszubauen, zu bepflanzen und zu bevölkern, mag bemerkt sein, daß sie durch das „Berliner Aquarium" Gefäße, Tische und Füllung, also auch alle nöthigen Pflanzen und Thiere zu mäßigen Preisen erhalten können, soweit sich der Versand durch die Eisenbahn bewerkstelligen läßt. Die bezüglichen Gefäße werden fort-während mit den neuesten Entdeckungen auf diesem Gebiete in Ein-klang gebracht, Pflanzen und Thiere vorherig bestimmt und außer den europäischen Arten beider auch fremdländische geliefert.

11.

Die Füllung des Kelch- und des Kasten-Aquariums und die dazu erforderlichen Dinge.

Hat man dem leeren und daher noch leicht zu bewegenden Aqua-rium den besten Platz gegeben, so bringt man auf den Boden des Glases oder Kastens eine etwa handhohe Schicht von nassem Fluß-sand, welchem ein wenig Moorerde beigemengt ist. Der Sand muß frei von Steinen sein, damit nicht etwa durch einen solchen der Boden des Glases zerdrückt werde, wenn der schwere Tuff-Felsen darauf zu stehen kommt.

Die Tuffsteine müssen vor der Füllung des Aquariums ein paar Tage abgewässert und mit einem Reisbesen tüchtig von allen davon löslichen Stücken und von Kalkstaub befreit sein, damit nicht dadurch das Wasser verunreinigt werde und Nichts von dem anhaftenden Kalk-Staub sich im Wasser auflöse, wodurch dieses für einige Zeit milchig und für die Thiere schädlich wird.

Aus passend geformten Tuffstücken baut man nun mittelst Ce-ment einen kleinen Felsen, wenn man nicht einen solchen aus einem

Stück bekommen kann. Es sieht gut aus, wenn man dem Felsen drei Füße giebt, damit er eine Höhlendurchsicht bildet. Die Zurichtung der einzelnen Steine zu einem passenden Ganzen muß außerhalb des Gefäßes geschehen, und wenn man sie passend hergerichtet hat, so steckt man zunächst diejenigen zwei oder drei, welche die Füße des Felsens bilden sollen, in den Sand. Hat man sie in der Lage, daß alsdann der oberste Stein als eigentlicher Felsenkörper passend und sicher darauf liegt, so befestigt man ihn mit Cementbrei, welcher bald starr und, wenn das Wasser hineingegossen ist, nach und nach stein= hart wird. Nachdem Dies geschehen, füllt man das Gefäß mit Wasser an, und läßt dasselbe mehrere Tage stehen, um Felsen und Cement ge= hörig auszulaugen.

Hierauf entleert man das Wasser wieder, pflanzt die Pflanzen in den Sand und nimmt bei deren Anordnung auf einen möglichst freien Tummelplatz für die Thiere gebührend Bedacht. Die hoch= wachsenden Pflanzen bringt man in eine Gruppe zusammen an eine Seite. Fünf Arten in je einem Exemplare reichen zu dieser Seiten= gruppe aus; etwa: Pfeilkraut, Froschlöffel, eine hohe Segge, die Wasser= minze und die Waldsimse oder der Roßkümmel (siehe die Figuren 1, 2, 3, 8, 20, 17).

An der Grenze dieser Gruppe lassen sich einige Pflänzchen des Wassersterns (Fig. 7) oder des Wasserranunkels (Fig. 15) anbringen, die man mit ihren feinen Wurzeln ziemlich tief in den Sand einbettet.

Nun bringt man mit einem nicht zu engen Kautschuk=Schlauche so hoch Wasser ein, daß die Grundpfeiler des zu schaffenden Felsen= thores noch etwas darüber hinausragen. An einer passenden Stelle läßt man es gegen einen der Tuffsteine sich ausgießen, an dem es dann, ohne den Sand aufzuwühlen, sanft herabläuft. Man wird nö= thig haben, die eingepflanzten Gewächse vorläufig durch einige beige= steckte Stäbchen zu stützen, weil sie sich erst später bei vollem Wasser allein aufrecht halten.

Nachdem Dies geschehen ist, oder auch vorher, bestreut man die geebnete Oberfläche des Sandes mit kleinen reingewaschenen Bachkieseln oder anderen passenden Steinchen. Sie geben dem Boden nicht nur ein reinliches, freundliches Aussehen, sondern verhindern auch das Aufwühlen des Sandes durch die Wetterfische.

In dem Hauptsteine, wie ich den die Spitze des Felsens bildenden Stein weiter nennen will, muß vorher ein an Umfang einem mäßigen Blumentopf gleichkommendes Loch ausgemeißelt worden sein, um mit sandiger Haideerde, unter die man etwas zerbröckelte Holzkohle mischt, einen Farrenkrautstock oder sonst ein passendes Gewächs hinein zu pflanzen. Man kann durch Festkitten kleiner Tuffsteine dieses Loch nach Belieben vertiefen und auf dieselbe Weise der Oberfläche des Steines die passende Gestalt geben, um für einzelne kleine Sumpfpflanzen Wurzelräume zu gewinnen. Die störenden grauen Kittnähte des Cementes kann man leicht durch vor dem Erhärten des Bindemittels aufgestreutes und angedrücktes grobes Tuffsteinpulver verdecken.

Hier muß ich einschalten, daß es unter allen Verhältnissen vorzuziehen ist (wenn man anders mit Vollendung der Füllung nicht eilen muß oder will), den Felsen vorher ganz vollständig fertig zu machen und ihn dann nach Einpflanzung der hohen Gewächse in den Sand des Bodens, fix und fertig in das handhoch mit Wasser gefüllte Glas oder in den Kasten hinein zu heben. Man muß dann freilich mindestens acht Tage lang den zusammengekitteten Felsen in einem Fäßchen mit Wasser stehen gelassen haben, damit die Cementverbindung hinlänglich fest geworden ist. Aber auch dann wird das Einsetzen mit großer Vorsicht zu bewerkstelligen sein, damit nicht etwa der Felsen im Hineinheben zerfällt und das Glas oder die Scheiben zerknickt.

Bevor man alle Fische und Lurche hineinthut, ist es anzurathen, einen oder einige vorher einen Tag lang die Probe machen zu lassen, ob etwa noch immer so viel Kalk sich aufgelöst hat, daß höhere Thiere in dem Wasser nicht leben können. Hielten die Thiere die Probe aus, dann lasse man die übrigen folgen.

Bei der Füllung der Aquarien können kaum erhebliche Fehler begangen werden, durch welche ein nachheriges Verderben des Wassers und daraus folgendes Absterben der Thiere und Pflanzen veranlaßt werden könnte. Die öfteren Klagen darüber, welche gegen mich laut geworden sind, haben ihren letzten Grund wahrscheinlich mehr in der nachherigen Behandlung und Pflege.

Das Einpflanzen der höheren Wassergewächse in den sandigen Boden des Aquariums darf nicht zu seicht gemacht werden, weil sie sonst nachher, wenn man das volle Wasser eingefüllt hat, leicht empor gehoben werden, da sie leichter als das Wasser sind.

Am besten thut man bei dem Einpflanzen, wenn man vorher etwa zwei Zoll von der Sandschicht wegnimmt, dann die Pflanzen- wurzeln auf die Oberfläche des bleibenden Sandes aufstellt, oder wenn es tiefergehende sind, in Löcher einläßt, und dann den herausgenom- menen Sand als einen dicken, mit Wasser angemachten Brei wieder darauf gießt, wodurch sie gleichmäßig bedeckt und fest werden.

Wie weit ich das freudige Gedeihen meines Aquariums dem Umstande zuschreiben darf, daß ich zu unterst etwa ein Zoll hoch Moorerde habe, wage ich dem Umstande gegenüber, daß Andere auch von reinem Flußsande die besten Ergebnisse haben, nicht zu entscheiden. Mindestens muß ich anerkennen, daß sich in dem reinen Sande nach kurzer Zeit ein Gehalt an verweslichen, den Pflanzen als Dünger die- nenden Stoffen von selbst ansammelt.

12.
Pflege des Aquariums und Fütterung der Thiere.

In dem Bereiche dieses Kapitels liegen ohne Zweifel die Gründe zu den Klagen über das Verderben der Aquarien. Um sie verstum- men zu machen, werde ich wahrscheinlich weniger zu rathen brauchen, was man zu thun, als vielmehr, was man zu unterlassen hat.

Im Sommer, wenn die Sonne hoch steht, darf man das Aquarium selbst an einem dem Sonnenschein ausgesetzten Fenster haben,
nur darf nicht die ganze Nachmittagssonne darauf liegen und muß
nöthigenfalls ein Rouleau vorgelassen werden können. Je mehr man
dem Aquarium Licht und Luft geben kann, ohne es zu sehr zu er-
wärmen, desto besser.

Im Winter darf das Aquarium nicht zu nahe am Ofen und in
keinem zu stark geheizten Zimmer stehen.

Steigt die Wärme des Wassers einige Grad über 17° R., so
erneuere man wenigstens ein Drittel desselben durch frisches Brunnenwasser, indem man vorher eben so viel durch einen Kautschut-
schlauch heraushebt. Dabei hat man das einsaugende Ende desselben
zu beobachten, damit kein Fischchen von dem Zuge des Schlauches
ergriffen werde. Man muß daher in die Nähe des Schlauches kom-
mende Fische durch Bewegen desselben verscheuchen. Dies Herausheben
von Wasser kann man zugleich zur Reinigung desselben von dem am
Boden sich ansammelnden Unreinigkeiten benutzen, indem man mit
dem einsaugenden Ende des Schlauches am Boden hinfährt, wodurch
jene von dem Zuge des Wassers ergriffen und durch den Schlauch
weggeführt werden.

In einem gesunden Aquarium muß das Wasser klar und farb-
los sein, obgleich ein leichter gelblicher Schein nicht nothwendig auf
eine Verderbniß desselben schließen zu lassen scheint. Um die Beschaffenheit des Wassers genau beurtheilen zu können, schöpft man ein
helles Glas davon voll und vergleicht es mit einem Glase reinen
Wassers von derselben Art, womit das Aquarium gefüllt wurde.

Der Geruch des Wassers ist weniger geeignet, zum Einschreiten
gegen beginnende Verderbniß aufzufordern; denn diese ist bereits vollständig erfolgt, wenn das Wasser einen merkbaren übeln Geruch hat.
Dann ist es, wenn die Thiere noch lebendig sein sollten, nicht genug,
das Wasser vollständig zu erneuern, sondern man muß, nachdem das
verdorbene Wasser vollständig abgelassen ist, das Aquarium mit frischem

etwa bis über die Hälfte füllen, dieses dann mit der Hand um-
rühren, um die anhaftenden fauligen Stoffe abzuspülen, das Wasser
dann wieder entfernen und dann erst frisches einfüllen. Dann wird
es gut sein, nach einigen Tagen das Wasser noch einmal zu wechseln.

Für gewöhnlich, d. h. wenn das Aquarium gesund ist, hat man
das Wasser gar nicht zu erneuern, sondern nur den Verdunstungs-
verlust durch Nachfüllen zu ersetzen. Wer jedoch eine kleine Mühe
nicht scheut, die aber der Heberschlauch kaum als eine Mühe erscheinen
läßt, thut jedenfalls gut, etwa alle Monate das Wasser zu erneuern.
Bei zahlreicher Bevölkerung empfiehlt es sich, täglich ein oder mehrere
Male mittels eines lang- und feinröhrigen Blasebalges Luft in das
Wasser zu treiben. Letzteres nimmt von jener auf, soviel es aufzunehmen vermag, der abgesonderte Kohlenstoff verbindet sich mit dem
Sauerstoff zu Kohlensäure und entweicht, die überflüssige Luft gewährt
den Thieren neuen Athmungsstoff und hindert gleichzeitig das Umsich-
greifen der Fäulniß.

An der inneren Seite des Glases setzt sich von Zeit zu Zeit nicht
nur ein leichter, flockiger Auflug an, sondern auf der Lichtseite entwickeln sich auch jene festansitzenden, schön grün gefärbten kleinen Algen-
gruppen. Man wischt und bürstet sie ab mit einer scharfen, sehr kurz
geschorenen sogenannten Uhrmacherbürste, welche man an einem etwa
³/₄ Elle langen Stabe befestigt. Um die Algen zu lösen, muß man
mit der Bürste, nicht horizontal, sondern senkrecht auf- und abwärts
fahrend, stark aufdrücken.

Die Fäulniß von ein paar der Aufmerksamkeit entgangenen ab-
gestandenen Fischchen oder Schnecken zeigt sich im Aquarium selten
nachtheilig, indem namentlich erstere von den Schnecken bald verzehrt
werden. Es gestaltet sich natürlich hiermit in einem vorsichtig ge-
pflegten Aquarium wie in einem Teiche, in welchem auch Niemand
die faulenden Thierleichname beseitigt und doch Tausende verschiedener
Thiere und Pflanzen gedeihen. Die in dem vierten Abschnitte gege-
benen Andeutungen machen Dies erklärlich und natürlich, und es

kommt Alles darauf an, im Aquarium, in dieser Nachahmung eines Teiches im Kleinen, Nichts zu thun, was jenes sich selbst erhaltende Gleichgewicht stören könnte. Das außerordentlich üppige Gedeihen des Hornblattes (Fig. 4 S. 14) in meinem Aquarium veranlaßt mich geradehin zu dem Ausspruche, daß es vielleicht der wesentlichste Regulator des gedeihlichen Zustandes des Wassers ist, und daß es in keinem Aquarium fehlen dürfe. Es ist zum Glück ein sehr verbreitetes Gewächs. Binnen wenigen Monaten kann sich eine einzige schwache Ranke des Hornblattes so entwickeln, daß es die eine Seite desselben mit einem undurchdringlichen Gewirr von prächtig grünem Gezweig erfüllt und Schnecken und anderen Thieren erwünschte Schlupfwinkel gewährt.

Sieht man nach längerer Zeit, namentlich gegen Ende des Sommers, keine neue Sprosse aus den Wurzelstöcken der im Sande wurzelnden Pflanzen emporschießen, so ist das kein gutes Zeichen. Man muß dann zusehen, ob die Wurzelstöcke abgefault sind, in welchem Falle sich die Pflanzen leicht herausziehen lassen. Damit ist eine Erneuerung des ganzen Aquariums erforderlich.

Der Hauptfehler, den man zu begehen pflegt, liegt darin, daß man zu viel und unzweckmäßig füttert, wahrscheinlich weil man die Freude haben will, die Fischlein nach den Brodkrumen schnappen zu sehen. Was man Alles füttern dürfe, kann ich nicht angeben, weil ich bei Dem geblieben bin, was ich als zweckmäßig erkannt habe. Das sind getrocknete Ameisenpuppen, gewöhnlich Ameiseneier genannt, und in etwa zolllange Stücke geschnittene Regenwürmer. Man kaufe möglichst hell aussehende Ameisenpuppen; denn in den dunkeln ist die Ameise bereits ausgebildet, und deren harte Bedeckung macht sie den Fischen unverdaulich. Wenn man keine Regenwürmer mehr haben kann, so füttere man dann und wann, in kleinen Portionen, gehackte Abgänge von Fleisch, woran es natürlich niemals fehlen kann. Auch die kleinsten Fischchen nagen daran und saugen die Regenwurmstücke aus. Dann und wann kann man für diese auch etwas zerrie-

bene weiße Oblate füttern. Die Molche werden sich bald als grau=
same Raubthiere zeigen, indem sie namentlich im ersten Frühjahre
unter den kleinen Froschlarven schnell aufräumen. Sie verschlingen
auch kleine Fische, ja sie verschlingen einander selbst. Possirlich sind
ihre Kämpfe um Regenwürmer, wobei es zuweilen vorkommt, daß
zwei Molche gleichzeitig an den beiden Enden eines Regenwurmes
anpacken und indem sie beide denselben hinterschlingen zuletzt in der
Mitte zusammenkommen und nicht eher ruhen, als bis der eine dem
andern sein Theil wieder aus dem Schlunde gerissen hat.

Ist einmal das Aquarium in einem gedeihlichen Zustande, so
künstle man nicht viel daran herum, sondern überlasse es seiner ruhigen
Entwicklung. Man habe Geduld!

Wenn man das Aquarium an ein Fenster setzen kann, so thue
man es so nahe als möglich, und zwar so, daß man den einen Flügel
desselben öffnen kann. Den andern vergesse man nicht vor einem
zufälligen Auffliegen durch einen Windstoß zu sichern, damit man nicht
eines Tages eine kleine Sündfluth und Trümmer und Leichen im
Zimmer habe.

Ich schließe dieses Kapitel, welches vielleicht manchen meiner Leser
und Leserinnen zu kurz vorkommen wird, mit der alten Wahrheit:
„Probiren geht über Studiren".

13.
Die Jagd.

Ich darf wohl voraussetzen, daß Manchem, der sich ein Aqua=
rium einrichten will, dasselbe um so lieber sein wird, wenn er selbst
der Schöpfer desselben ist und auch die Thiere selbst gefangen hat.

Zu der Jagd bedarf es einer nicht zu kleinen Botanisir=Büchse
und eines Netzes. Letzteres ist bereits beschrieben (S. 68.) und auch
die Anwendung desselben. Findet man einen Sumpf, dessen Boden

mit einer dicken Schicht von verwesenden Blättern und andern Pflanzen-
resten bedeckt ist, so ist diese, zumal im Frühjahre und Spätherbste,
gewöhnlich der Sitz für mancherlei Wasserthiere, namentlich Schnecken
und kleine Muscheln. Man nehme einen Klumpen dieses Schlammes
in der Botanisirbüchse mit nach Hause und thue ihn dort in eine
weiße Schüssel voll Wasser. Nach kurzer Zeit wird sich die ganze
Bevölkerung in dem nach und nach sich abklärenden Wasser versam-
meln und großentheils an den Wänden der Schüssel ansetzen, so daß
man sie leicht fangen kann.

Alle diese Thiere, mit alleiniger Ausnahme der Fische, trage
man nicht in Wasser, sondern in der Botanisirbüchse nach Hause, in
welche so viel Wasser unwillkürlich mit hineinkommt, als die Thiere
bis zur Versetzung in das Aquarium bedürfen. Das Wasser wird in
einem verschlossenen Gefäß sehr schnell für die Thiere unathembar,
zumal bei warmer Witterung. Man wähle deshalb, und namentlich, wenn man auch Fische mitnehmen will, einen kühlen Tag ohne
Sonnenschein, erneuere außerdem das Wasser und blase nöthigenfalls
frische Luft in dasselbe.

Wasserschnecken und Muscheln lassen sich zwischen Wasserpflanzen
(namentlich Ceratophyllum, Myriophyllum, Callitriche, Potamogeton) ohne weiteres als das anhaftende Wasser leicht mehrere Tagereisen
weit transportiren, wenn man damit eine Botanisirbüchse ganz voll packt.

Wenn man einmal den einheimischen Gewässern die Aufmerksamkeit zugewendet hat, so wird man staunen über den Reichthum an
Thierformen, welche hier im Verborgenen leben.

———

14.
Das Becken-Aquarium.

Für vom Glück Bevorzugte füge ich noch einige Worte über das
Becken-Aquarium hinzu. — Den Gewächshäusern darf, wenn sie na-

mentlich im Winter dem Besitzer einen Ersatz für die erstorbene Natur bieten sollen, ein Becken-Aquarium fortan nicht mehr fehlen.

Nicht zu fern vom Lichte lasse man in dem ganz oder wenigstens
um das Becken herum mit Steinplatten belegten Fußboden des kalten
Hauses ein in dem Umfange nach den Verhältnissen bemessenes flach
vertieftes Becken mit Letten wasserdicht ausschlagen. Die Lettenschicht
muß sorgfältig bis an den obersten Rand geführt sein, um das seit-
liche Weiterdringen des Wassers in den Fußboden zu verhindern. Der
Rand des Beckens wird dann mit einem Kranze von großen Tuffstücken umgeben, den man an einer Seite, welche dem Lichte zugekehrt
ist, vielleicht bis auf eine Elle zu einem kleinen Felsenabhange erhöht,
um Gewächse, namentlich Farren, darauf zu pflanzen. Im Mittelpunkte des Beckens wird ein kleiner Felsen angebracht, um das Rohr
eines Springbrunnens, welcher einem Becken-Aquarium wo möglich
nicht fehlen darf, zu verbergen. Die Anlegung desselben braucht hier
nicht beschrieben zu werden, da man dabei natürlich von den sich dar-
bietenden Umständen abhängig, eine ausführende Hand auch sicher
überall leicht zu finden ist.

Nachdem man sich von der Wasserhaltigkeit der Lettensohle, in
welcher das Abzugsrohr anzubringen ist, überzeugt hat, bringt man
eine etwa acht Zoll hohe Schicht von Flußsand mit ein wenig Moorerde vermischt darüber, welche als Pflanzenboden zu dienen hat. Bei dem
Aufbau des Tuffsteinrandes hat man auf kleine leere Räume zwischen
den Steinen Bedacht zu nehmen, in welche man stark mit Sand gemischte
Haideerde zum Einpflanzen der geeigneten Gewächse füllt. Die Steine
dieser Einfassung, wenigstens die innersten und untersten, müssen mit ihrem
Fuße in das Wasser eintauchen, um sich immer feucht zu erhalten, damit die in ihren Fugen stehenden Pflanzen die nöthige Feuchtigkeit haben.

Den besten Platz findet das Becken-Aquarium in der Ecke des
Gewächshauses, deren eine Wand Mauer ist, gegen welche mit Be-
lassung eines schmalen Raumes zum Gehen um das ganze Becken,
der Tuffsteinrand am höchsten geführt wird.

In Kapitel 8 sind die Pflanzen aufgezählt und zum Theil abgebildet, welche am Rande des Becken-Aquiarums, namentlich an der eben erwähnten höheren Aufmauerung desselben, im Sandgrunde eingepflanzt werden können.

Viele Thiere würden das Becken-Aquarium verlassen, es können daher eigentlich nur Fische und Muscheln darin aufgenommen werden.

Unser Titelbild zeigt endlich noch das freie Becken-Aquarium im Garten, über dessen Einrichtung um so weniger gesagt zu werden braucht, als Derjenige, welcher in der Lage ist, sich eins einrichten zu lassen, leicht die hülfreichen Hände dazu finden wird. Es bedarf keiner ausdrücklichen Erwähnung, daß hier ein Springbrunnen zu besonderer Zierde gereicht, obgleich er nicht eben eine Nothwendigkeit ist. Aber nothwendig ist es, daß der Wasserspiegel des freien Becken-Aquariums durch eine Hecke oder ein Rebengeländer gegen die Mittags- und Nachmittagssonne geschützt ist, und daß das Wasser-Sammelbecken für den Springbrunnen, wenn man keinen natürlichen Zufluß hat, möglichst kühl liege. Es wird jedenfalls sehr gut sein, in demselben das Wasser auf einer etwa einen halben Fuß hohen Schicht von Flußsand, welcher zur Läuterung desselben beiträgt, stehen zu haben.

Das Becken richte man auf dieselbe Weise her, wie das im Gewächshause, weil bei behauenen und mit Cement verbundenen Steinen starker Frost oft zerstörend wirkt und außerdem nicht unerhebliche Kosten gespart werden. Schildkröten muß man jedoch gegen den Winter hin aus solchen Becken entfernen, weil sie sich, um Winterschlaf zu halten, in die Tiefe einwühlen und dabei die Lettenschicht zerstören. Ihnen macht man im Spätherbste ein Winterbett zurecht, indem man sie einfach in ein mehrere Fuß tiefes Erdloch wirft und es ihnen überläßt, sich hier die ihnen nöthig erscheinenden Höhlen auszugraben.

Druck von Bär & Hermann in Leipzig.